10대와 통하는

동물 권리 이야기

10대와 통하는 동물 권리 이야기

제1판 제1쇄 발행일 2017년 3월 29일
제1판 제17쇄 발행일 2023년 10월 17일

글 _ 이유미
그림 _ 최소영
기획 _ 책도둑(박정훈, 박정식, 김민호)
디자인 _ 채홍디자인
펴낸이 _ 김은지
펴낸곳 _ 철수와영희
등록번호 _ 제319－2005－42호
주소 _ 서울시 마포구 월드컵로 65, 302호(망원동, 양경회관)
전화 _ (02)332－0815
팩스 _ (02)6003-1958
전자우편 _ chulsu815@hanmail.net

ISBN 978-89-93463-98-9 43190

철수와영희 출판사는 '어린이' 철수와 영희, '어른' 철수와 영희에게
도움 되는 책을 펴내기 위해 노력합니다.

10대와 통하는

동물 권리 이야기

글 **이유미** · 그림 **최소영**

철수와영희

우리는 동물들의 슬픈 현실과
나란히 길을 가고 있습니다

동물에게도 권리가 있을까요? 인간도 자신의 권리를 행사하지 못하고 힘들게 사는 경우가 많은데 무슨 동물의 권리까지 챙기느냐고요? 개 팔자가 상팔자라는 걸 모르느냐고요?

하루가 멀다 하고 뉴스에서는 잔인한 동물 학대 문제가 터져 나오고, 강아지 공장, 고양이 공장에서는 평생 새끼만 낳다가 죽어가는 동물들이 울부짖고 있습니다. 인간의 필요로 생산된 동물들은 다시 인간에게 버려지고, 수많은 멸종 위기 동물은 위태위태한 상황에 놓여 있습니다. 뉴스에서는 평생 땅 한 번 밟아 보지 못한 실험실의 비글 강아지들이 슬픈 눈으로 텔레비전 카메라를 응시합니다. 아이러 니하게도 이 정도 되면 인간과 동물의 관계가 그나마 개선되었다는 방증이기도 합니다. 왜냐하면, 과거에는 아무도 이런 문제에 관심이 없었기 때문에 뉴스거리조차 될 수 없었습니다. 보려고 하면 볼 수 없는 세상도 아니지만, 누구도 제대로 파악하려고 하지 않았습니다. 보려고 하는 사람이 없었기 때문에 동물에 대한 비도덕적인 처우는 아무런 성찰 없이 계속되고 있었던 것입니다.

더 솔직히 얘기하자면 우리는 알고 싶지도 않았습니다. 진실을 알 게 되면 인류가 오랫동안 이루어 낸 역사까지 송두리째 부끄러워질 테니까요. 차라리 외면하려는 마음도 자연스럽다는 생각이 듭니다. 그렇더라도 여러분이나 저나 마음은 조금 아프겠지만, 이제는 이런 동물 문제를 직면하는 용기를 내었으면 하는 바람입니다.

어떤 문제에 오랫동안 노출되면 그것이 문제인지 아닌지 판별하 는 데 매우 둔감해집니다. 누구나 그렇게 사는데 뭐가 문제냐고 도리 어 성을 낼 수도 있겠지요. 이보다 더 심한 경우는, 하찮은 동물 문제 에 유난 떠는 사람들이 싫어서라도 동물을 더 학대하겠다고 공표하 는 경우도 있다는 것입니다. 그래서 자랑스럽게 SNS에 올리기도 하 고 동물 권리에 관심을 가지는 사람들을 조롱하며, 자신에게 시선이 집중되는 사회 현상을 즐기기도 하지요.

아직 그들에게는 여러분에게 주어진 이 시간처럼 최소한의 성찰의 기회도 없었을 것이라는 생각이 듭니다. 저 또한 아무것도 알지 못했을 때는 너무나도 당연하게 여겨지던 것들이, 조금 관심을 가진 뒤부터는 전혀 당연하지 않더군요. 세상은 달라진 것이 없지만 알고 나니 보이고, 보게 되니 제 삶은 완전히 달라졌습니다. 한 가지 분명한 것은 다시 이전의 삶으로는 돌아갈 수 없게 되었다는 점입니다. 더 정확히 말하자면 돌아가고 싶지 않게 되었습니다.

저는 여러분보다 조금 더 동물에 관심이 많은 사람일 뿐입니다. 소박한 욕심이라면 여러분의 마음에도 새로운 눈 하나가 생기기를 바랍니다. 그렇게 되면 우리가 나눌 이야기는 훨씬 더 많아질 것입니다. 동물 문제에 관해 더 생산적인 고민을 하게 되고 또 우리가 할 수 있는 일이 있다면 적극적으로 실천해 볼 수도 있겠지요.

제가 지금부터 하려는 이야기는 그리 아름답지만은 않습니다. 그렇다고 벌써부터 착잡한 심정이 되지 않기를 바랍니다. 과거 인간과 동물이 평화롭게 윈윈win-win하던 관계가 지금은 어떤 모습으로 변했는지 잠시나마 정직한 거울에 비춰 보겠습니다.

여러분은 큰 충격을 받거나, 한편으로는 외면하고 싶을지도 모르겠습니다. 그러나 여러분이 알든 알지 못하든 우리는 동물들의 슬픈 현실과 나란히 길을 가고 있답니다. 이왕이면 인간과 동물이 평화롭게 공존하는 게 낫지 않을까요? 제대로 알지 못한다면 우리가 소망하는 세상은 결국 헛된 공상이 되고 말 뿐입니다. 피한다고, 묻어 둔다고, 문제가 해결되지는 않으니까요.

동물의 권리를 위해 그 소중한 역할을 해 줄 사람은 바로 여러분이랍니다. 그런 면에서 저는 여러분이 아주 자랑스럽습니다. 지금 당장은 마음이 조금 무겁겠지만 우리는 차차 희망을 얘기할 수 있을 것입니다. 자, 지금부터 그 시간을 함께해 볼까요?

2017년 3월
이유미

차례

제 1 장

잃어버린
동물들의 권리

한 나라의 위대함과 도덕성은
동물을 다루는 태도로 판단할 수 있다.
나는 나약한 동물일수록 인간의 잔인함으로부터
더욱 철저히 보호되어야만 한다고 생각한다.

– 마하트마 간디

동물과
인간의 관계

지금 여러분의 곁에는 어떤 동물이 있나요? 개? 고양이? 햄스터나 고슴도치가 있나요? 아니면 개미나 바퀴벌레? 먼 곳에서 찾을 필요 없이 여러분의 곁에는 부모님이 있고 선생님과 친구들이 있을 것입니다. 동물 이야기를 하다가 갑자기 사람들이 나오니 의아한 생각이 들겠지요. 하지만 잘 알다시피 우리 인간을 포함해서 모든 움직임을 가진 살아 있는 생명체를 바로 '동물'이라고 부른답니다.

아리스토텔레스는 수많은 동물 중 우리 인간을 따로 구분 지어 놓았는데 "인간은 사회적 동물이다."라고 했지요. 여러분이 학교에 가고 친구들과 어울리고, 각자의 관계 속에서 살아가는 것도 바로 지금 여러분의 사회인 셈이랍니다. 물론 성인이 되었을 때는 더 복잡한 사회관계 속에서 다양한 역할을 해내며 살아가겠지만요.

우리의 무의식에는 의심할 여지 없이 동물은 인간보다 열등한 존재라는 생각이 배어 있습니다. 누군가 나에게 동물 같다고, 짐승 같다고 하면 기분이 매우 나쁘겠지요? "짐승만도 못한 사람"이라는 표현에는 인간으로서 지녀야 할 가장 기본적인 도덕관념조차 없는 사람을 일컫기도 합니다. 우리 모두가 사회적 동물이기는 하지만 같은 울타리 안에 있다는 것이 치욕스럽다는 뜻이기도 합니다.

짐승이란 본래 불교에서 나온 말인데, 옛날에는 모든 살아 있는 존재를 뜻하는 단어였습니다. 물론 그 속에는 인간도 포함돼 있었습니다. 현대의 사전적 의미는 포유류를 일컫는 단어로 범위가 좁아진 데다 이런 식으로 점점 인간과 분리하다 보니 결국에는 아주 잔인하거나 야만적인 사람을 비유해 부르는 말이 되어 버렸답니다.

그 정도는 아니라도 저 자신을 동물을 사랑하는 사람이라고 소개할 때면 사람들은 이렇게 생각하곤 합니다. 고귀한 인간 문제보다 저급한 동물 세계에 관여하는 사람이라고 말이지요. 그것은 그 사람의 인격이나 도덕 문제라기보다 일종의 집단 무의식이라고 할 수 있어요. 여러분도 저도 어쩔 수 없이 아주 오래된 동물에 대한 부정적인 집단 무의식에 노출된 것이 현실입니다.

그렇다면 우리는 언제부터 이렇게 동물을 유쾌하지 않은 존재로 여기게 되었을까요? 언제부터 인간을 동물 중에서도 독보적이고 가장 우수한 존재라고 여기며 살게 되었을까요?

사실 그 역사는 얼마 되지 않았습니다. 최초 인류의 역사가 330만

년 이상이지만, 생각하는 인류라고 하는 호모 사피엔스는 약 20만
~7만 년 전에 등장했습니다. 인간도 다른 동물처럼 똑같이 생존을
위해 수렵하고 채집하며 살다가 인지 능력을 갖추다 보니 주변의 동
물부터 가축으로 길들이기 시작한 것이지요. 그것을 약 1만 5천 년
전이라고 본답니다.

호모 사피엔스는 지금의 여러분처럼 '어떻게 하면 더 쉽게, 더 나
은 것을 얻을 수 있을까?'라고 끊임없이 생각했습니다. 이것저것 시
도해 보고, 몇천 몇만 년 동안 적극적인 노력과 시행착오 등을 거쳐

더 나은 방법을 터득하게 되었지요. 그런 나선형의 발전 과정을 거치면서 인류는 계속 진화하게 된 셈입니다. 그 와중에 인류는 더욱더 많이 생각한다는 의미의 호모 사피엔스 사피엔스로 명명되는 존재가 되었습니다. 여러분이 지금 이 순간도 열심히 글을 읽으며 생각하는 것처럼 말이지요. 생각을 많이 하면 머리만 아픈가요? 그래도 인류가 자랑스러워하는 탁월한 인지 능력을 갖추게 되었으니 어쩌면 우리는 호모 사피엔스 선조들에게 감사해야 할지도 모르겠습니다.

그러다 마침내 인간은 정교한 무기를 이용하게 되면서 모든 포식자 중에서 가장 막강한 힘을 얻게 되었습니다. 그전에는 사냥하거나 사냥을 당하거나, 어차피 똑같은 처지에서 살았던 동물 무리였는데 말이지요. 인간의 진화된 인지 능력으로 만든 무기는 곧 힘이었고, 그 힘으로 모든 동물을 통제할 수 있게 되었습니다. 게다가 자연이 주는 대로 그때그때 연명하던 사람들이 한곳에 정착해서 농사를 지으려다 보니 우리보다 훨씬 힘이 센 동물의 노동력도 필요했습니다.

그러한 변화가 하룻밤 사이에 일어난 일은 아니지만, 문명과 경제의 대전환은 이 지구의 역사로 보자면 놀라울 정도의 급변이라고 볼 수 있습니다. 그전에는 인간과 동물이 자연계에서 자연스러운 먹이 사슬로 이루어진 관계였다면, 농경 사회에서는 인간이 동물의 삶에 직접 개입하기 시작합니다. 다시 말하면 인간이 다른 동물을 우리의 삶 속으로 끌어들인 것입니다. 동물을 이용해 농경 생활을 하고, 식량이 확보되자 동물 사육에 사용한 것은 인간과 동물이 서로 돕고 돕는 관계로 발전했다고 생각할 수 있습니다.

처음에는 그랬답니다. 동물을 먹여 주고 재워 주고 관리해 주는 대신 동물에게서 최소한의 이익을 얻었던 것이지요. 고기와 우유, 털과 가죽을 얻었고 무거운 짐을 운반하고, 요즘의 자동차처럼 우리를 빠르게 이동시켜 줄 목적으로 동물을 이용했습니다. 인간 집단이라는 사회적 무리를 형성하면서 같은 인간을 이용하는 것보다 동물의 힘을 빌리는 것이 훨씬 쉬웠으니까요.

인류의 삶에 가장 먼저 등장하는 동물은 개입니다. 인간은 개와 친밀한 관계를 맺으면서 협력하고 동료애를 나누게 되었지요. 그래서 우리도 개에게 가장 친밀감을 느낍니다. 반려견이든 다양한 분야에서 인간을 돕는 개든 가장 깊은 교감의 세계가 형성된 동물이라고 할 수 있습니다.

그 이후에 염소, 양, 소, 돼지, 닭까지 가축이 된 동물들은 인간과 큰 문제 없이 서로를 받아들이며 살게 되었습니다. 목축이라고 하더라도 규모가 작았기 때문에 사람과 동물 하나하나의 개체들이 무척 중요한 유대감으로 연결되어 있었고, 동물에게도 이름을 지어 주었습니다. 현대적인 의미로 보자면 애완동물이 아닌 반려동물처럼 여겼던 것이지요.

그런데 점차 인류가 만든 문명이 거대한 집단을 형성하면서 동물과 인간의 관계에 엄청난 변화의 바람이 불기 시작했습니다. 동물을 먹고사는 데 꼭 필요한 정도로 이용한 것이 아니라 부를 축적하는 용도로 동물을 활용하기 시작한 것입니다.

인간의 욕망은 혁신적인 기술의 발전을 토대로 사회와 경제 구조까지 변화시켰습니다. 그 변화는 산업 혁명이라는 가히 격변적인 역사를 이루었지요. 동물과 공존하던 시대부터 산업 혁명의 역사를 지나면서 인간과 동물의 관계는 그전과 비교되지 않을 정도로 다른 양상으로 변하고 말았답니다. 동반자 관계에서 한쪽이 우월한 일종의 주종 관계가 되었고■ 소위 과학이라는 학문이 여러 실험을 가능하게 하면서 인간은 동물을 '만들어 내기' 시작한 것입니다.

다양한 크기와 생김새를 갖게 된 개는 액세서리처럼 인간의 옆자리에 앉게 되었고, 멋진 경주마를 관리하고 보살피는 것이 고급 취미처럼 퍼지기 시작했습니다. 또한 고기에 대한 수요가 폭발적으로 늘면서 육류 공급도 거대한 산업화를 이루기 시작했지요. 식량이 되어 줄 동물을 대량 생산하고, 과학 실험에 동물을 쓰고, 인간의 유희를 위해 동물을 희생시키고 있습니다. 이제 동물은 동물다운 삶을 살지 못하게 되었습니다.

인류는 처음부터 이런 상황을 예상했을까요? 설마 상황이 이렇게 되리라고는 누구도 예상하지 못했겠지요. 처음에는 그럴 의도도 없었을 것입니다. 우리가 의도하지 않았던 작은 일은 어느새 눈덩이처럼 불어나 감당할 수 없이 커져 버렸습니다.

■ 브라이언 페이건, 《위대한 공존》, 98쪽, 김정은 옮김, 반니, 2016.

선각자들의 철학
그리고 종교

선각자들은 이런 상황을 오래전부터 예견해 왔답니다. 혹은 우리
가 가야 할 바른 방향의 지침을 던져 주기도 했지요. 안 그래도 생각
이 많아진 호모 사피엔스 사피엔스인데 종교와 철학이 대두되는 시
기를 겪으면서 더욱 복잡한 사고 체계를 가지게 되었습니다. 인생과
이 세상에 관해 그리고 신과 우주에 대한 많은 질문이 쏟아져 나왔습
니다. 이 질문들은 우리에게 생명에 대해 더 많은 생각을 하게 하였
습니다.

우리가 잘 아는 종교 중에서 불교가 생명에 대한 사랑과 자비로움
을 폭넓게 설파했다고 볼 수 있지요. 초기 불교 경전 중《자애경慈愛
經》을 보면 "살아 있는 모든 것은 다 행복하라."는 커다란 자비의 메
시지를 담고 있습니다. 나도 생명이고 나 아닌 것도 생명이니 차별

없이 그 모든 존재에게 행복의 에너지를 보내자는 마음입니다.

"어떠한 생명체라도 약한 것이건 강한 것이건, 큰 것이건 중간 것이건 제아무리 미미하고 보잘것없는 것일지라도, 눈에 보이는 것이나 보이지 않는 것이나, 멀리 있는 것이나 가까이 있는 것이나, 이미 태어난 것이나 앞으로 태어나는 것이나, 살아 있는 모든 것은 다 행복하라. 남을 속여서도 안 된다. 또 남을 멸시해서도 안 된다. 남을 괴롭히거나 고통을 주어서는 더욱 안 된다. 어머니가 목숨을 걸고 하나뿐인 자식을 보호하듯 살아 있는 모든 것에 한없는 자애를 베풀지어다."

매우 아름다운 말이지만 내 한 몸 건사하기도 힘든 세상에서 다른 모든 생명체에 한없는 사랑을 베풀라고 하니 보통 사람들은 상상조차 하기 힘든 경지일 것입니다. 그래서 우리는 이런 마음으로 끊임없이 노력하는 사람들을 수행자라고 부르는 것이겠지요.

불교보다 생명에 대해 훨씬 엄격한 인도의 자이나교Jainism를 한번 살펴볼까요? 자이나교에서는 농사를 짓는 것조차 조심스럽답니다. 왜냐하면, 농사를 짓다 보면 자신도 모르게 땅속의 벌레들까지 죽일 수 있기 때문이에요. "어머나! 그렇게 살다가는 아무것도 못하겠다."라고 손사래를 칠지도 모르지만 그만큼 생명에 대한 경외심이 크기 때문이랍니다. 그래서 이들은 자연 상태에서의 채소와 과일을 얻어 섭취하고 수행자들은 걸을 때도 빗자루를 들고 다닙니다. 자신의 발에 밟혀 죽을지도 모르는 벌레들을 길옆으로 쓸어 주어야 하기 때문입니다. 또 숨을 쉬거나 말을 할 때는 입에 들어가 죽을지도 모를 날벌레들을 위해 마스크를 착용하는 것이 일반적이랍니다. 자이나교의 이런 극단적인 생명 존중 사상은, 현대인의 삶과 극명한 대조를 이루는 걸 볼 수 있지요.

구약 성서의 대예언 〈이사야서〉를 보면 "그때에 이리가 어린 양과 함께 살며 표범이 어린 염소와 함께 누우며 송아지와 어린 사자와 살진 짐승이 함께 있어 어린아이에게 끌리며, 암소와 곰이 함께 먹으며 그것들의 새끼가 함께 엎드리며 사자가 소처럼 풀을 먹을 것이며, 젖 먹는 아이가 독사의 구멍에서 장난하며 젖 뗀 어린아이가 독사의 굴에 손을 넣을 것이라. 내 거룩한 산 모든 곳에서 해됨도 없고 상함도 없을 것이니 이는 물이 바다를 덮음같이 여호와를 아는 지식이 세상에 충만할 것임이니라."■라고 적혀 있습니다. 성경을 해석하는 데는 상징과 은유에 대한 다양한 의견이 있지만, 일차적으로 보자면 하느님의 나라가 이루어질 때에는 인간과 함께 모든 동물이 평화로운 공존의 형태로 살아가게 될 것이라는 믿음이 있습니다.

종교로 생명에 대한 경외심을 엿볼 수 있듯이 예술이나 철학 분야에서도 이 부분에 대해서 고민을 많이 하게 되었답니다. 여러분도 잘 아는 천재 화가이자 과학자, 수학자인 레오나르도 다빈치 (1452~1519)는 특히 동물을 사랑했습니다. 〈모나리자〉, 〈최후의 만찬〉

■ 〈이사야서〉 11장 6절~9절.

과 같은 작품을 여러분은 잘 알고 있겠지만, 동물에 대한 각별한 애정 때문에 그가 남긴 작품에는 동물을 그린 습작도 아주 많아요. 개와 고양이, 사자, 말, 바닷게까지 다양한 동물에 대한 관심을 그림으로 표현해 놓았지요. 그렇게 동물을 사랑하다 보니 고기를 전혀 먹지 않는 채식주의자로 살기도 했는데, 그가 세상을 떠난 뒤 그의 서재에서는 채식 요리책이 발견되기도 했답니다.

레오나르도 다빈치는 왜 그런 삶을 살았을까요? 의심의 여지 없이 그는 동물에게 고통을 주는 걸 아주 싫어했기 때문입니다. 달리 말하면 동물을 너무 사랑했기 때문이에요. 여러분도 사랑하는 가족과 친구들이 고통받기를 바라지는 않을 것입니다. 사랑하는 대상이 행복하고, 그 행복을 보는 자신도 행복한 것, 그것이 바로 아름다운 사랑 본연의 모습이랍니다.

레오나르도 다빈치는 먼 과거에 살았던 인물이지만 동물에 대한 생각만큼은 아주 진보적인 예술가였습니다. 그럼 잠깐 숨을 가다듬고 다빈치의 예언을 들어 볼까요?

"언젠가는 동물을 죽이는 것을 사람을 죽이는 것과 똑같이 여길 날이 올 것이다."

어떤가요? 아직은 일반적으로 받아들이기 힘든 말일 수도 있습니다. 잘 상상도 안 되고요. 하지만 저는 그의 선견지명에 깊이 공감합니다. 위대한 예술가가 한 말이라서 그럴까요? 단지 저와 같은 사람들의 소망이 강하게 투사된 말이라서 그럴까요? 그렇지만은 않습니다.

과거의 인류에는 너무나도 당연했던 일들이, 현대인의 삶에서는 얼마나 어처구니없는 일인지 드러난 것이 꽤 많습니다. 그렇다면 우리가 아무렇지도 않게 여기는 문화나 관습 등도 후대의 인류가 본다면 끔찍하게 여길 가능성이 있겠지요. 하지만 세상은 결국 바른 것을 향해 나아가고 있답니다. 깨어나는 사람이 많을수록 그 시기가 앞당겨지는 것은 당연하겠지요? 안타까운 것은, 우리는 한평생을 살아도 그 완성을 못 보고 떠날 가능성이 높습니다. 그래도 몇백만 년 이상 뿌리를 뻗은 인류사에서 보자면 우리의 삶은 찰나에 지나지 않잖아요? 그러니 조금 더 크고 넓은 안목으로 세상을 보는 것도 필요하다고 생각합니다.

동물 보호에 대한 생각은 제러미 벤담(1748~1832)의 공리주의에서도 잘 표현되었습니다. 공리주의는 '최대 다수를 위한 최대 행복'이 기본이 되는 것인데 행동의 옳고 그름을 분별할 때 그 행동으로 행복이 커지느냐 감소하느냐 하는 것을 판정하는 원리랍니다. 우리는 누구나 행복을 누리고 싶어 합니다. 각자가 행복하면 결국 사회 구성원 모두가 행복해지는 것은 자명한 일이지요. 가장 기본적인 인간의 성향을 전제로 두기 때문에 인간 본성에도 어긋남이 없습니다. 다만 내가 행복해지자고 하는 일이 남을 고통스럽게 해서는 안 됩니다. 그래서 벤담은 그의 저서에서 아래와 같이 말하고 있습니다.

"인간 이외의 동물들이, 폭군의 손아귀에 의해서가 아니고는 결코 억압당하지 않을 그런 권리를 가질 수 있는 날이 올지도 모른다.

프랑스 사람들은, 피부가 검다는 사실로 인해 한 인간이 아무런 보상도 없이 괴롭히는 자의 변덕에 맡겨져도 괜찮을 이유라고는 전혀 없음을 이미 발견하였다. 다리의 수, 피부가 털로 덮였다는 것, 또는 엉치뼈의 끝부분 따위는, 어떤 감각적 존재를 똑같은 운명에 맡겨 버릴 근거로써는 똑같이 불충분함을 깨닫는 날이 언젠가 올지도 모른다. 이 밖에 밝혀내야 할 넘을 수 없는 경계선이 과연 무엇인가? 이성의 능력인가, 그렇지 않으면 대화할 수 있는 능력인가? 그러나 다 자란 말이나 개는 태어난 지 하루나 한 주일, 또는 심지어 한 달이 된 아기보다도 비교할 수 없을 정도로 대화도 더 잘 나눌 수 있고, 더욱 이성적이기도 하다. 그런데 실상이 이와 다르다고 가정할 때, 어떤 근거를 제시할 수 있겠는가? 그 문제는, '이성을 발휘할 수 있는가?'도 아니고, '말을 할 수 있는가?'도 아니며, '고통을 느낄 수 있는가?'인 것이다." ▪

즉, 동물이 인간처럼 이성적으로 사고할 능력을 갖췄든 아니든 그러한 차이가 특권 의식의 기준이 될 수는 없다는 입장입니다. 가장 중요한 사실은 우리 인간이 고통을 느끼는 것과 똑같이 동물도 고통을 느낀다는 것입니다. 여러분은 너무나도 당연히, 동물도 고통을 느낀다는 사실에는 공감할 거예요. 하지만 최근의 과학 실험을 통해 그 사실이 밝혀지기 전까지 사람들은 믿지 않았습니다. 정말 놀라운 일이죠? 과학은 첨단을 달리는 학문이라고 생각하기 쉽지만 어쩌면 역사의 맨 뒤에서 누구나 아는 사실을 입증하는 학문인지도 모르겠습니다.

벤담은 여러 차례 동물도 우리와 똑같이 고통을 느끼는 존재로서 존중받을 필요가 있다는 것을 주장했는데, 그보다 먼저 장 자끄 루소 (1712~1778)도 비슷한 말을 남겼습니다.

"인간은 동물에 대해 일종의 의무가 있다. 나는 실제로 나의 동류 同類에게 어떤 해악도 끼칠 수 없는데, 그 이유는 그가 이성적이기 때문이 아니라 지각이 있는 존재이기 때문이다. 인간과 동물에게 공통적으로 지각이 있다는 사실은 적어도 한쪽이 다른 한쪽에게 아무 이유 없이 학대당하지 않을 권리가 있음을 뜻한다." ▪▪

하지만 이런 발언은 소수 철학자만의 메아리 없는 외침에 지나지 않았던 모양입니다. 생명에 대한 윤리 의식은 알베르트 슈바이처 (1875~1965)에 이르러서야 이론에만 그치지 않고 실천적으로 널리 전파될 수 있었답니다. 슈바이처는 "모든 생명체는 생존 의지를 가졌기 때문에 모두 똑같이 존중받아야 한다."고 주장했습니다.

여러분은 어떻게 생각하나요? 우리는 본능적으로 이런 언급이 엄연한 사실이라는 것을 잘 압니다. 하지만 여러분도 저도 이 사회가 교육하는 내용에 길들었던 것이지요.

우리 인간이 동물과 깊은 관계를 맺으며 살다 보니 여러 문제점이 불거져 나왔습니다. 동물들의 고통을 아무렇지도 않게 받아들이던 사람들도 서서히 문제를 제기하기 시작했습니다. 일방적인 학대와 고통을 감내하는 동물의 세계가 어쩐지 이상하게 느껴진 것입니다. 이 중 피터 싱어(1946~)라는 생명 윤리학의 거장은 우리 인간이 받아들여야 할 권고 사항을 짚어 주고 있어요. 동물 해방은 곧 인간 해방이라는 관점에서, 동물들의 고통을 덜어 주어야 우리 인간도 궁극적으로 행복해진다는 논리입니다. 그는 저서 《동물 해방》에 다른 차별주의를 먼저 예로 들었습니다.

"해방 운동이란 인종이나 성性과 같은 자의적인 특징에 기초한 편견과 차별을 종식하기 위한 요구를 일컫는다. 흑인 해방 운동은 그

■ 제러미 벤담,《도덕과 입법의 원리 서설》, 444쪽, 고정식 옮김, 나남출판, 2011.
■■피터 싱어, 엘리자베스 드 퐁트네, 보리스 시륄닉, 카린 루 마티뇽,《동물의 권리》, 153쪽, 유정민 옮김, 이숲, 2014.

고전적인 사례에 해당한다. 이러한 운동의 직접적인 호소력은, 그리고 그러한 운동이 최초로 성공을 거두었다는 사실은 비록 제한적이긴 했지만 다른 피억압 집단에 귀감이 되어 주었다. 우리는 얼마 있지 않아 동성애자의 해방, 그리고 미국 선주민과 스페인 어를 사용하는 미국인들의 권익 운동 등에 익숙해지게 되었다. 그리고 다수 집단(여성)이 캠페인을 시작했을 때 일부 사람들은 우리가 막다른 길에 다다랐다고 생각했다. 성 차별은 겉치레 없이 공공연하고도 보편적으로 받아들여지고 실행됐던 차별이었으며, 이는 심지어 소수 인종을 차별하는 편견을 벗어났다는 사실에 오랫동안 자부심을 가져왔던 자유 진영의 사람들마저도 당연하게 받아들였던 마지막 형태의 차별이라고 일컬어졌다. 그런데 마지막으로 남아 있는 유형의 차별이라는 말을 할 때는 항상 조심할 필요가 있다. 해방 운동에서 배울 바가 있다면 특정 집단에 대한 태도에 숨겨져 있는 편견을 의식하기가 매우 힘들다는 점이다. 대개 우리는 강제가 개입하기 전까지는 이를 적절히 의식하지 못한다."∎

∎ 피터 싱어,《동물 해방》, 18~19쪽, 김성한 옮김, 연암서가, 2012.

우리 시대의
차별주의

피터 싱어가 언급한 것처럼 우리는 다양한 차별의 역사를 거쳐 왔습니다. 성 차별과 인종 차별은 인류 역사에서 가장 오래된 차별주의에 해당합니다. 차별의 줄기를 고구마 뿌리 캐내듯이 들춰내 보면 우리 삶에 깊이 만연해 있는 차별의 행태를 볼 수 있지요.

여러분의 주변에도 차별이 없는지 한번 잘 생각해 보세요. 제가 학교 다닐 때 선생님이 공부 잘하는 학생들만 편애한다고 친구들하고 쑥덕거리던 기억도 나는군요. 저는 공부하는 것보다 다른 것에 더 관심이 많았거든요. 공부는 못하더라도, 똑같이 학교에 다니고 똑같은 반 학생이니 선생님에게 똑같은 사랑을 받고 싶었답니다. 어떤 차별이든 부당한 대우를 받는다고 생각되면 마음이 불편해지고 없던 반항심도 생깁니다.

그런데 이 정도의 작은 일이 아니라 부당한 차별로 누군가 내 목숨까지 앗아가려고 한다면 어떨까요? 극단적인 차별로 말미암은 피의 역사에는 히틀러의 반유대주의가 있습니다. 같은 인간 사회에서도 인종이 다르다는 이유로 유대인에게 폭력을 행사하고 이데올로기적으로 정당화함으로써 집단 학살을 저질렀다는 것은 너무나도 끔찍한 일입니다. 히틀러는 그것이 잘못된 방식의 통치라는 것을 알았을까요? 그는 자기의 신념이 옳다고 믿었을 겁니다. 하지만 그 믿음은 앞에서 언급한 공리주의에 심하게 어긋나는 행위라고 할 수 있습니다. 왜냐하면, 어떤 명목이 있었다 해도 다른 사람의 생존 권리를 빼앗았으니까요.

그 잘못된 신념은 바로 독일 민족이 이 세상에서 가장 우월하다고 여긴 데서 출발했습니다. 1차 세계 대전에서 패한 독일이 좌절감에 사로잡혔을 때, 독일 민족이야말로 세상에서 가장 우월하다고 세뇌하기 시작한 것이지요. 히틀러는 그 사실을 믿어 의심치 않았답니다. 그의 믿음이 설령 그랬다 하더라도 열등한 사람들은 다 없어져야 한다는 논리는 지금 세상에서는 전혀 통하지 않는 억지가 되어 버렸습니다. 그 시대에는 믿어 의심치 않았던 신념, 정치 이론, 종교관, 과학 등도 가치 판단으로 인해 변할 수 있다는 사실을 우리는 알아야 할 것입니다.

그와 다르지 않은 차별 중 하나로 백인의 흑인 차별이 있었습니다. '있었다'라는 과거형으로 얘기하긴 했지만 사실 이 문제는 현재 진행형이랍니다. 과거에 흑인 차별이 얼마나 심했냐면, 백인 귀족 부인들은 흑인 노예가 보는 앞에서 속옷도 갈아입을 수 있었다고 해요. 왜냐하면, 흑인을 인간으로 취급조차 하지 않았기 때문이지요. 여러분이 햄스터가 보는 앞에서 옷을 갈아입는다고 부끄러울까요? 우리가 지금 동물을 생각하는 것처럼 그때는 흑인을 그렇게 생각했던 것입니다.

미국에서는 링컨(1809~1865) 대통령의 흑인 해방 운동으로 흑인 차별이 철폐되기 시작했습니다. 그 운동에 결정적인 계기가 되어 주었던 책 한 권이 있었지요. 바로 스토우(1811~1896) 부인이 쓴 《엉클 톰스 캐빈》이랍니다. 자유와 평등, 사랑의 정신으로 살아간 링컨과 바로 스토우는 각각 노예 해방의 아버지, 노예 해방의 어머니로 불린답니다.

링컨의 흑인 해방 운동에도 불구하고 실제 미국 사회에서는 남부 지방을 중심으로 차별이 지속되는 현상을 보여 왔습니다. 이것이 단순히 과거의 역사로 끝나지 않았다는 것은 여러분도 잘 알고 있으리라 생각해요. 왜냐하면, 여전히 흑인에 대한 매우 부정적인 선입견이 뿌리 깊게 남아 있고 공권력을 가진 사람들이 정당한 이유 없이 흑인들을 무리하게 제압하다 목숨을 빼앗기도 하거든요. 이런 뉴스는 잊을 만하면 미국 사회를 한 번씩 발칵 뒤집어 놓는 논쟁거리가 되기도 합니다.

미국에만 그런 일이 있을까요? 아닙니다. 저는 개인적으로 인도

India를 오가는 일이 많은데, 수많은 종교가 탄생한 영혼의 나라 인도에서조차 차별은 여전히 존재한답니다. 카스트^{Caste} 제도■는 여러분도 다 들어 보았을 거예요. 이 제도는 현재 법적으로는 폐지되었지만, 아직도 많은 인도 사람의 생활 속에는 부지불식간에 계층과 서열이 존재한답니다.

수많은 인도 영화를 보면 카스트 제도의 문제의식을 아주 많이 드러내고 있어요. 여전히 인도 사회를 지배하는 낡은 관습을 철폐하자는 계몽의 의도가 다분하지요. 영화 속에는 신분이 달라서 사랑도 결혼도 마음대로 못하고, 결국 사랑하는 연인은 부모님 몰래 도망치듯 달아나는 이야기가 아주 많습니다. 신분이 연인들을 갈라놓는 비극이 아직도 일어나는 것입니다. 저는 그런 인도 영화를 볼 때마다 눈물을 흘리며 카스트 제도를 원망한답니다.

그래서 인도의 비폭력 민족 운동의 지도자였던 마하트마 간디 (1869~1948)는 이 카스트 제도에도 속하지 못하는, 그야말로 천민 중의 천민이라고 불리는 불가촉천민不可觸賤民에 대해서 차별 철폐 운동을 벌인 인물로도 유명합니다. 불가촉천민이란 말 그대로 접촉조차 하면 안 되는, 가장 낮은 신분의 사람을 이르는 말입니다. 그들의 그림자도 닿으면 불결하다고 여겼고, 저수지 물조차 먹을 수 없게 제재했으며, 침 흘리는 것도 더러우니 땅에 떨어지지 않게 옹기를 턱에 받치고 살도록 했답니다. 어디에서도 환영받지 못하는 불가촉천민을 위해 어느 누가 목숨을 걸고 그들의 권리를 주장할 수 있었을까요?

그래서 마하트마 간디는 인도 사람에게 무한한 존경을 받으며 아직도 역사 속에 살아 있습니다.

조금 더 멀리 고대 그리스 시대로 돌아가 볼까요? 민주주의의 꽃을 피웠다고 여겨지는 그때에도 역시 차별은 존재했습니다. 여성의 예를 들어 보자면, 그들은 시민권이 없었기 때문에 정치 참여는 물론 재산도 가질 수 없었답니다. 결혼하기 전에는 아버지의 소유물이었다가 결혼 뒤에는 남편의 소유물로 자리 이동만 했던 셈이지요. 그때에 비하면 지금의 우리는 표면적으로나마 양성평등을 지향하는 사회 구조 속에 살고 있습니다. 그러나 내밀한 구석을 들여다보면 아직 많은 문제가 있습니다. 노동 시장 참여 여성의 평균 임금은 남성의 55퍼센트로 절반을 조금 넘는 수준이고, 여성의 중위 소득은 남성 노동자의 중위 소득보다 36.7퍼센트가 낮습니다. 이는 경제 협력 개발 기구OECD 국가 중 최하위에 해당합니다.■■

같은 여성으로서 그 정도의 대접도 못 받는 사람들이 또 있습니다. 바로 다문화 가정을 구성하는 여성이에요. 한국말이 어눌하다고 피부가 까맣다고 노골적으로 무시를 당하는 경우가 다반사랍니다. 그런 이유로 그들을 무시해도 되는 걸까요? 그런데 우리 마음속을 솔

■ 카스트 제도는 피부색 또는 직업에 따라 승려 계급인 브라만(Brahman), 군인·통치 계급인 크샤트리아(Ksatriya), 상인 계급인 바이샤(Vaisya) 및 천민 계급인 수드라(Sudra)로 나누어지며, 여기에서도 다시 수많은 하위 카스트(Subcaste)로 분류되기도 한다. 카스트 제도에도 속하지 못하는 최하층으로 불가촉천민(Untouchable)이 있다.
■■〈여성의 경제적 지위는 여전히 OECD 꼴찌〉, 시사인, 2016. 8. 25.

직하게 들여다보면 그들은 소위 말하는 선진국에서 오지 않았기 때문에 업신여기는 마음이 큽니다. 외국인 여행자들조차 한국에 오면 엄청난 차별을 경험한다고 합니다. 유럽이나 미주 지역의 서양인들은 환대를 받지만 그렇지 않아 보이는 사람들은 이주 노동자처럼 차별받습니다.

이는 여성뿐만 아니라 남성에게도 해당하는 문제입니다. 우리나라에서 힘든 일에 종사하는 사람 대부분은 동남아시아나 네팔, 방글라데시, 스리랑카 등에서 왔습니다. 그런데 '가난한 나라'에서 왔다는 이유로 무시와 착취를 당하고 있지요.

이런 문제를 더 정확히 파악하려고 여성 가족부에서 조사한 것이 있습니다. "2015 국민 다문화수용성 조사결과"에 따르면 "외국인 노동자와 이민자를 이웃으로 삼고 싶지 않음"에 "그렇다"고 답한 비율은 31.8퍼센트로 미국 13.7퍼센트, 호주 10.6퍼센트, 스웨덴 3.5퍼센트보다 월등히 높게 나왔습니다.▪

여기서 잠깐! 히틀러가 인종이 다르다는 이유로 유대인을 몰살하려 했던 역사, 백인과 피부색이 다르다는 이유로 흑인을 노예로 사고 팔던 문화, 여성이 남성과 다르다는 이유로 인간의 권리에 제약을 받았던 억압, 이 모두가 제가 얘기하고자 하는 동물 문제와 어딘가 비슷해 보이지 않나요? 우리는 동물을 인간과 다른 종種이라고 생각하

▪ 〈이름 대신 이 새끼 저 새끼… 이주 노동자 차별 여전〉, 뉴스1, 2016. 3. 21.

기 때문에 그들에게 무분별한 고통을 준다는, 간과하면 안 되는 사실에 이제 막 다가가기 시작했습니다.

아직은 피부에 와 닿지 않는다고요? 그럼 우선 한 가지만 먼저 얘기하고 넘어가 보겠습니다. 당시에는 전혀 문제라고 여기지 않았던 차별이 결국 다른 생명을 고통스럽게 함으로써 우리가 이익을 얻는 것이었다면 어마어마한 도덕적인 문제에 부딪히게 된다는 점입니다. 인간에게는 도덕적 본능이 있기 때문에 다른 동물보다 우월하다고 여겼던 사고에도 어쩐지 틈이 좀 생긴 것 같군요. 우리와 다르지 않게 고통을 느끼는 동물 문제를 간과한다면 인간이 다른 종에 비해 우월하다는 주장을 더는 할 수 없을 것 같습니다.

각 나라의
동물 보호법

인류가 만든 수많은 차별의 역사에서 이제는 동물들이 목소리를 낼 차례입니다. 그런데 동물들이 일방적으로 이용당한다고 하더라도 어떻게 자신의 권리를 주장할 수 있을까요? 동물이 단체로 시위라도 하며 의견을 낼 수 있을까요? 인간의 언어로 소통할 목소리가 없으니 그냥 무시해도 될까요?

모두가 잘 알다시피 동물들은 그들의 권리를 항변할 목소리를 갖고 있지 않습니다. 앵무새 정도는 우리가 하는 말을 그대로 따라 하는 신기한 재주를 가졌지만, 인간이 아닌 다른 동물들은 아직 '애니멀 사피엔스'로 불리지 못하는 상황이랍니다. 그렇다면 그들을 변호해 줄 생명체는 과연 누구일까요? 맞습니다. 바로 우리예요.

인간은, 인간이기 때문에, 우리보다 나약한 동물이 일방적으로 이용납하도록 내버려 두어서는 안 됩니다. 그것이 인간이라는 이름이 부끄럽지 않을 최소한의 의무인 것이지요.

이러한 자각은 법法이라는 사회 제도의 힘을 빌려 점차 발전하기 시작했습니다. 동물 보호법이 가장 먼저 생긴 나라는 바로 독일입니다. 독일에서는 1933년에 〈제국 동물 보호법〉을 기초로 해서 1972년부터 본격적인 동물 보호법이 제정·시행되었습니다. 캐나다는 1961년, 일본은 1973년, 프랑스는 1974년, 스위스는 1978년에 각각 동물 학대 방지 및 동물 복지법을 제정·시행했고 우리나라는 1991년에야 동물 보호법을 제정·공포하였습니다.

독일에서는 2002년에 동물 보호라는 주제가 국가적 목표가 되기도 했습니다. 헌법에도 상당히 진전된 형태로 법제화가 되었는데 "국가는 미래의 세대를 위해 헌법의 범위 내에서 자연적 환경과 동물을 보호할 책임이 있다."고 명시하고 있습니다. 그래서 여러분이 동물을 키우고 싶을 때 보통은 부모님께 사 달라고 조르게 되지만 독일에서는 말도 안 되는 일이랍니다. 마트나 동물 병원, 펫숍Pet Shop 등을 지나며 가격이 얼마인지를 물어보고 가장 작고 귀여운 동물을 고르는 게 익숙한 우리나라와는 달리 독일에서는 반드시 유기 동물 보호소에서 입양해야 합니다. 동물을 물건처럼 사고파는 행위를 할 수가 없거든요. 또 인위적으로 교배를 시키는 것을 법으로 금지하고 있습니다. 새끼가 태어나면 수의사가 그 집에 방문해서 확인 뒤 출생 신고를 하고 우리나라의 주민등록번호처럼 식별 번호를 부여합니다.

그러니 독일에 있는 모든 반려동물은 법적으로 거의 완벽한 권리의 주체로서 보호를 받는다고 할 수 있겠지요.

제가 독일에 잠깐 갔을 때 아주 놀라운 이야기를 들었습니다. 당시 한국에 있는 대형견과 소형견 각각 한 마리씩을 독일에 사는 한국인 가족에게 안전하게 보내 주는 일을 맡았습니다. 독일의 그분들에게는 이미 다른 개가 더 있었습니다. 그분들이 들려준 이야기는 다음과 같습니다. 하루는 집에 손님이 왔는데 개들이 하도 짖어서 손님에게 피해가 갈까 봐 개들을 한 방에 넣고 문을 닫아 두었답니다. 그런데 개들이 짖자 그 일로 경찰이 출동했습니다. 동물을 학대했다는 신고가 들어간 것이지요. 잠깐 방에 넣어 두려고 했던 것인데 독일에서는 감금이나 학대 행위로 인식된 겁니다. 놀랍지 않나요?

그리고 독일에서는 유기 동물 보호소를 방문해 입양을 원할 때도 모든 가족이 와서 동의해야 한답니다. 한 명이라도 반대하면 동물을 입양할 수 없고, 그것도 가족 구성원 모두가 일정 기간을 두고 최소 세 번은 방문해야 입양할 수 있습니다. 왜냐하면, 동물이 귀엽고 예쁘다고 그냥 대충 서명만 하고 데려가는 것이 아니라 동물을 키우기 위한 기본적인 상식과 방법 등을 충분히 익혀야 하기 때문입니다. 게다가 간단한 테스트까지 통과해야 입양할 수 있습니다. 헥헥! 여기서 끝이 아니에요. 입양할 때는 연 30만 원 정도의 비용을 내고 동물을 위한 보험에 가입해야 하는데 나중에 있을 질병이나 사고에 대비하도록 법으로 엄격히 정해 놓은 것이랍니다.

유기 동물 보호소에 있는 동물이 오랜 기간을 기다려도 찾는 사람이 나타나지 않을 경우, 우리나라는 열흘 또는 최대 20일 만에 안락사 명단에 올립니다. 하지만 독일은 결코 안락사하지 않습니다. 동물의 목숨이 다할 때까지 돌보는 곳이 바로 유기 동물 보호소지요. 간혹 아주 고통스러운 병에 걸렸거나 사실상 치료가 불가능한 병에 걸린 예외적인 경우에만 안락사가 허용되고 있습니다. 극단적인 문제 행동을 보이는 경우라면 훈련사들이 교정을 통해 어떻게든 고쳐 주고 함께 잘 살아가도록 노력합니다.

독일보다 더 의미 있는 성과를 이룬 나라는 1992년의 스위스랍니다. 헌법에 동물의 '존엄성'을 명시하고 있는 국가는 현재 스위스가 유일하거든요.■ 동물에 대한 학대를 금지하고 적극적으로 보호해 줄 의무가 있다고 하는 것과 동물의 존엄성 자체를 인정하고 권리를 보장하는 것과는 큰 차이가 있기 때문입니다. 그러니 스위스에서는 헌법으로 동물들도 당당하게 인간의 동료 생명체로서 인정을 받게 된 것입니다.

앞에서 잠깐 언급은 했지만, 대한민국의 동물 보호법은 1991년에서야 그 이름이 나타나기 시작했습니다. 법의 시작은 명확한 윤리적

■ 헌법 제120조 제2항은 다음과 같다. "스위스 연맹은 동물과 식물 그리고 다른 유기 생명체의 생식, 유전적 요소를 다루는 문제를 법으로 제정한다. 이에 관련해 동물의 존엄성과 인간과 동물, 환경의 안전 그리고 동물과 식물의 유전적 다양성을 보호하는 방식이 고려되어야 한다." 앙투안F. 괴첼,《동물들의 소송》, 191~192쪽, 이덕임 옮김, 알마, 2016.

개념이 우선해서 국민들의 법 감정이 커지면 새로 제정되고 개정안이 생기고 또는 역사에서 사라지기도 합니다. 그래서 법은 바로 그 나라의 국민 의식을 반영한다고 볼 수 있습니다. 우리나라에는 1991년에야 동물을 보호해야겠다는 국민 정서가 생겨난 것일까요? "동물의 생명과 안전을 보호하여 생명 존중 등 국민의 정서 함양에 이바지하기 위해 제정한 법"이라고 하는데 과연 그 목적에 부합할까요?

오스트리아, 독일, 스위스 등지에서는 동물은 물건이 아니라고 법에 명시하는 반면에 우리나라에서는 동물을 재산으로 보고 있습니다. 사유 재산에 불과하므로 "내 것을 내 마음대로 하는데 무슨 상관이냐"는 식의 방치나 학대도 사실상 법으로 제재하지 못하는 실정이랍니다. 여러분은 연필이나 신발 등의 물건을 '존중'할 수 있나요? 아끼고 선호하는 대상이 될 수는 있을지언정 그 개체를 존중하고 사랑해서 끝까지 책임을 진다는 말은 매우 어색합니다. 동물은 재산에 해당하기 때문에 누군가 내 반려동물을 해쳤을 때도 재산상의 손해를 입혔다는 뜻의 '재물문서손괴죄財物文書損壞罪'■를 적용한답니다.

우리나라의 동물에 관한 법률은 동물 보호법뿐만 아니라 가축 전염병 예방법, 야생 동물 보호 및 관리에 관한 법률, 한국 진돗개 보호·육성법, 실험동물에 관한 법률, 수의사법 이렇게 여섯 분야나 있습니다. 그런데 질서없이 흩어져 있는 이런 법률에 통일된 체계가 없다 보니 각각의 법 사이에서도 충돌이 생기고 해석과 적용하는 방법도 너무 다양해진다는 것이 문제입니다. 말 그대로 '귀에 걸면 귀걸이 코에 걸면 코걸이'법이 되어 버리는 것이지요. 그래서 이들 법률을 하나로 묶을 필요가 있다는 주장이 나오는 실정입니다.

지난 19대 국회에서만도 총 45건의 동물 보호 관련 법안이 발의되었지만 8건을 제외하고는 계류되었다가 결국은 모두 폐기되었다고 합니다. 심의조차 되지 않고 버려지는 소중한 의견이 너무나 많았습니다.

그런데 반려동물을 평생 가족으로 여기는 사람이 늘어나면서, 한국 사회도 동물의 극심한 고통과 부당한 처우 등에 이제 눈을 뜨기 시작했습니다. 사람들이 즐겨 보는 텔레비전 프로그램에서 강아지 공장■■ 사건이 방영되면서 많은 국민이 슬픔과 분노를 느꼈기 때문이지요. 어쩜 세상에나! 같은 하늘 아래에서 그런 일이 버젓이 일어나고 있었을까요? 시청자들은 그간 전혀 몰랐던 사실에 대해 죄책감까지 느끼게 되었습니다. 그 시발점은 반려동물을 처참한 환경에서 생산하는 현장을 고발하는 형태였지만 결국은 반려동물이 돈벌이에 희생되는 유통 시스템과 아무것도 알지 못하고 동물을 사오는 식으로 반려동물을 소비하는 우리의 문제까지 되짚어 보는 계기가 되었

■ 타인의 재물·문서 또는 전자 기록 등 특수 매체 기록을 손괴 또는 은닉 기타 방법으로 그 효용을 해함으로써 성립하는 범죄(형법 366조)를 말한다.
■■2016년 5월 15일 SBS의 <TV동물농장> 765회에서 강아지 공장의 실체를 밝히는 내용이 방송되었다. 동물농장 팀에서 6개월을 잠입 취재해 밝혀낸 강아지 공장의 실체가 드러나자 시청자들은 충격에 빠졌지만, 한편으로는 우리 사회의 문제점을 짚어 볼 계기가 되었다. 이에 대한 자세한 내용은 제2장에서 다루기로 한다.

습니다.

그래서 20대 국회(2016년 5월 30일~2020년 5월 29일)는 동물의 복지까지 고려한 동물 보호법 개정 법률안을 속속 발의하고 있습니다. '동물 보호법'을 보다 적극적인 '동물 복지법'으로 바꾸자는 내용이 그 골자입니다. 학대당하는 동물에 대해서는 그 동물을 소유한 자가 누구이건 긴급 격리 조치할 수 있고, 주인이라고 해서 학대당한 동물을 다시 되돌려 주어서는 안 된다는 내용도 포함하고 있지요. 자격이 안 되는 사람에게는 동물을 소유할 권리를 완전히 박탈하자는 것입니다. 또 시민의 적극적인 관심과 참여를 위해 동물 학대 등의 신고나 동물 복지에 기여한 경우 포상금을 지급하도록 하는 내용도 담겨 있습니다.

작은 동물을 더 예뻐하고 귀여워하는 풍조가 만연하다 보니 조금만 자라도 '판매'가 되지 않고 '재고'로 남는 동물이 많았습니다. 그래서 판매업자들은 어떤 조치를 취했을까요? 어미젖도 떼지 않은 어린 동물을 출생일까지 속여 팔기도 했답니다. 이런 관행을 철폐하고자 생후 60일이 안 된 동물이나 생물학적 수의학적 임신·출산이 아닌 방법으로 만들어진 동물의 판매를 금지한다는 조항도 더했습니다. 동물을 강제로 임신 또는 출산하게 한 자는 벌금을 부과하는 규정도 담고 있고요. 그동안 법이 없어서 처벌조차 할 수 없었던 문제를 인식하고 이제라도 바꾸어 보자고 하는 것이지요.

동물 보호법이 단순히 동물을 보호하자는 취지였다면 동물 복지법은 인간의 책임 의식을 바탕으로 동물의 생명을 보호하고 안전을 보장하고 복지까지 증진해야 한다는 취지입니다. 결국, 동물과 인간이 조화롭게 공존하는 사회로 나아가기 위한 방향을 담고 있지요. 하지만 기저에 깔린 동물 학대 문제를 제대로 알지 못한다면 사람들은 공감도 못하고 한편에서는 배부른 짓이라며 코웃음 칠 것입니다.

　따라서 우리는 그동안 무관심했거나 알지 못했던 실상에 대해 조금 더 구체적으로 알아볼 필요가 있습니다. 언제 어디서 어떻게 동물들이 고통을 겪어 왔는지 우리는 조금 더 낱낱이 그 실상을 알아보도록 하겠습니다. 현상이 제대로 파악되고 나면 우리가 할 수 있는 일이 매우 많다는 것을 알게 되겠지요. 최소한 인간이라는 멋진 이름으로 태어난 여러분이 같은 생명끼리의 도덕과 의무를 인지하고 실천한다면 훨씬 의미 있는 삶이 되지 않을까요?

제 2 장

우리 주변에서
고통받는 동물들

우리의 동료 피조물들인 동물에 대한 가장 나쁜 죄는
그들을 미워하는 것이 아니라 그들에게 무관심한 것이다.
그것은 비인간적인 태도의 본질이다.

- 조지 버나드쇼

1
농장 동물

삶은, 말하지 못하는 생명체들에게도 소중한 것이다.

사람이 행복을 원하고 고통을 두려워하며 생명을 원하는 것처럼

그들 역시 그러하다.

- 달라이 라마

강아지 농장?
강아지 공장!

여러분의 가정에 강아지나 고양이 그리고 다른 동물이 있다면 그들이 어디서 왔는지 한 번쯤 생각해 본 적이 있나요? 우리는 예쁘고 사랑스러운 동물들과 함께하면서 자신을 "동물을 사랑하는 사람"이라고 말합니다. '애견인', '애묘인' 이런 말도 많이 들어 보았을 것입니다. 하지만 우리의 순수한 마음과는 달리 동물이 마구잡이로 생산되고 경매장에서 도매가로 넘어가고, 비싼 가격으로 우리 손에 들어왔다가 또 버려지는 문화가 공존해 왔습니다. 이런 문화에 대한 책임은 누구에게 있을까요? 바로 우리입니다. 우리가 동물을 가지고 싶어 하고 돈을 내고 기꺼이 소비하려고 했기 때문이랍니다.

여러분은 수요와 공급의 법칙을 잘 알고 있을 것입니다. 자유 경쟁 시장에서는 수요와 공급이 일치되는 점에서 시장 가격이 형성되고

균형 거래량이 결정된다는 원칙입니다. 그 원칙에 대입해 보면 강아지나 고양이를 생산해서 팔고자 하는 사람이 아무리 많더라도 사는 사람이 없다면 그 산업은 쇠퇴한다는 것입니다. 우리 곁에 있는 동물들이 어떤 고통의 환경에서 태어나 우리에게 오게 되었는지 전혀 몰랐기 때문에 우리는 의도치 않게 그 산업을 부흥시키는 역할을 해 왔던 것이지요.

펫숍의 깨끗한 아크릴 상자에 단장해 놓은 예쁜 강아지들은, 대부분 번식장이라고 하는 공장에서 인위적으로 만들어진 것입니다. 동물을 만들어 내는 공장이 있다는 사실은 우리가 생명을 소모품이나 공산품으로 여긴다는 사실을 보여 주지요. 번식장의 엄마 개들은 따뜻한 햇볕도 촉촉한 흙의 느낌도 전혀 알지 못한답니다. 왜냐고요? '뜬장'이라고 불리는 철창에 갇혀 평생 강아지를 낳는 기계 노릇을 하기 때문이에요. 미물처럼 여기는 풀벌레도 초록 이파리에서 노래할 자유를 갖는데 우리가 사랑하는 그 동물들이 햇볕도 바람도 땅의 느낌도 알지 못한다는 것은 정말 가슴 아픈 일이 아닐 수 없습니다.

뜬장은 사방으로 구멍이 숭숭 뚫렸기 때문에 아래로는 배설물이 떨어집니다. 청소가 쉽다는 장점이 있지요. 발을 디딜 바닥이 없으니 동물들은 작은 발로 서 있기도 힘들어 다리가 통째로 철망 사이에 끼기도 합니다. 이런 곳에서 강제 임신과 출산을 반복하면서 한평생을 살아가는 것이 강아지 공장의 엄마, 아빠들이지요.

그런데 강아지 공장의 엄마, 아빠는 서로 사랑을 해서 아기를 낳는 것이 아니랍니다. 사람들이 수컷의 정자를 강제로 뽑아내고 주사기로 암컷에게 인공적으로 수정을 시키거든요. 잔인한 동물 학대의 현장을 보도한 텔레비전 프로그램에서는 강아지 공장에서 모견의 배 속에 정자를 넣을 때 거꾸로 들고 때려 줘야 수정을 성공시킬 수 있다는 내용까지 보여 주었습니다.

그렇게 두 달 정도를 기다렸다가 배 속의 새끼가 자라면 강아지 공장에서는 제왕절개 수술을 합니다. 수의사 선생님이 가서 수술해 줄까요? 아닙니다. 일반인이 어깨너머로 보고 익힌 어설픈 기술로 직접 배를 가른답니다. 마취가 제대로 되었는지는 그다지 중요하지 않습니다. 얼른 동물의 배를 째서 꼬물거리는 새끼들을 꺼내야 하거든요. 출산에 어려움이 생겨 죽은 아기들이 생기지 않게 하려는 것입니다. 되도록 많은 생명을 살리려고 그런 걸까요? 어떻게 보면 맞는 말 같기도 하지만 여러분도 충분히 유추할 수 있다시피 한 마리라도 죽게 되면 그만큼 수익이 줄기 때문입니다. 그러고는 열었던 어미의 배 속 장기들을 대충 밀어 넣고 꿰매는 것으로 제왕절개를 마무리하기 때문에, 장기들이 제대로 자리를 잡지 못하고 뒤틀리다가 서로 유착이 되기도 합니다.

강제 임신과 제왕절개는 한 번으로 끝나는 것이 아닙니다. 모견·종견들은 더는 번식을 할 수 없을 때까지 계속 이 일을 겪어 내야 한답니다. 그렇게 해서 태어난 동물 아가들은 전국 방방곡곡에 전시

될 상품이 되기 위해 경매장을 거칩니다. 몸집이 더 커지기 전에 얼른 서둘러야 합니다. 빨리빨리 만들어 내고 빨리빨리 팔아넘겨야 업자들은 빨리 부자가 되기 때문이지요.

새끼는 새끼대로 그런 운명을 살고 강아지들의 엄마, 아빠는 평생을 그런 식으로 새끼를 낳거나 수술을 당합니다. 어미의 자궁이 몸밖으로 쏟아져 내려서 더는 새끼를 만들어 내지 못할 때는 어떻게 될까요? 그때는 식용으로 판매됩니다. 그나마 동물을 위해서도 좋은 방법이라며 안락사를 시키기도 하지요. 편안하게 세상을 떠나도록 주사를 놓는 것이 안락사라고 생각하고 있나요? 그렇다면 너무나도 가슴 아픈 얘기지만 그곳에서의 안락사는 많이 다릅니다. 구덩이를 파서 동물을 넣고, 무거운 돌로 눌러놓으면 죽게 되는 것을 안락사라고 표현합니다.

우리나라에서 현재 불법으로 운영되는 번식장은 약 3천여 곳이라고 합니다. 한 달 평균 2만여 마리의 개가 경매장을 통해 거래되고요. 그렇게 만들어진 동물들이 인간의 사랑을 받기 위해 팔려나간다는 사실! 참 아이러니하지요? 이런데도 현행법으로는 아무런 처벌도 할 수가 없습니다. 왜냐하면, 동물은 인간을 위한 사유 재산에 불과하기 때문입니다.

텔레비전에서 이런 처참한 상황이 알려진 뒤에 좋은 뉴스, 나쁜 뉴스가 한 가지씩 생겨났습니다. 사람들이 이 실상에 대해 문제의식을 느끼게 되어 강아지를 돈 주고 사려 하지 않게 된 것이지요. 수요가 줄어드니 당연히 가격은 하락하고 재고가 된 동물들은 싼값에 넘겨 지게 되었습니다. 어느 누가 얼마 되지도 않는 돈을 벌려고 애를 쓰겠어요? 그래서 강아지 생산은 주춤하게 되었습니다. 그렇다고 공장이 아예 폐쇄된 건 아니에요. 하! 그래도 이쯤 해서 조금 안도가 될 뻔했는데 나쁜 뉴스가 하나 생겨 버렸네요.

강아지 값이 내려가니 고양이를 더 많이 만들어 내기 시작했다는 것입니다. 고양이 공장은 사실 더 잔인할 수밖에 없습니다. 왜냐하면, 고양이라는 개체는 집단 사육이 매우 힘든 동물이거든요. 고양이는 예민하고 질병에 취약합니다. 단독 생활을 하는 영역 동물이기 때문에 집단 사육은 고양이의 본능과 상충하는 환경입니다. 그럼에도 강아지를 생산하던 방식과 다르지 않게 번식시키고 있는 번식장 고양이들의 고통은 말할 수 없이 클 수밖에 없습니다.

우리 사회는 언젠가부터 고양이에 대해 특별한 애정을 쏟기 시작했습니다. 고양이를 키우는 것이 마치 유행처럼 번지고 있다고 해도 과언이 아닙니다. 사람들은 기꺼이 '고양이 집사'임을 자처하지만, 그 이면에는 너무나도 큰 고통이 묻어 있답니다. 그러나 현재로서는 법으로도 해결할 수 없는 구조적인 문제가 가장 큰 걸림돌이라고 할 수 있습니다.

우리가 모두 동물을 생산하고 소비하는 방식을 매우 어색하게 느낀다면 이 시스템은 자연스럽게 사라지겠지만, 앞서 살펴본 독일의 예처럼 유기 동물 보호소 등을 통해서만 입양하도록 법 개정이 선행

되는 것이 바람직한 변화의 물꼬를 트는 게 아닐까 싶습니다. 그리고 차선이나마 동물을 대하는 과정에서 잔인함이 배제되어야 한다는 점은 누구나 공감하리라 봅니다.

고기로 태어나는
생명들

"한국인의 고기 소비 급증, 쌀 소비 급감"이라는 뉴스 제목은 식상해진 지도 오래지만, 주기적으로 미디어에서 다루는 주제이기도 합니다. 밥상에 고기반찬이 없으면 밥을 못 먹겠다는 사람도 많고, 풀떼기만 먹을라치면 자신을 불쌍하게 느끼는 사람도 많습니다. 잘 먹고 잘살아 보자는 표어가 한국 사회를 지배하던 때에 잘 먹는다는 것은 곧 육식을 의미하기도 했고, 고기 소비 욕구는 당연히 생산 시스템을 포화 상태로 만들어 놓았습니다.

한국을 비롯해 세계적으로 가장 많이 소비되는 동물은 바로 돼지랍니다. 햄, 소시지, 베이컨, 삼겹살, 목살, 족발까지 다양한 이름이 있지만, 그들은 모두 돼지라는 하나의 동물에서 나온 메뉴입니다. 이를 위해 현대적인 공장식 축사에서 자라는 돼지의 삶은 강아지 공장

과 크게 다르지 않습니다. 규모 면이나 사육 환경 등은 이미 기업화로 더욱 철저하게 통제되고 있지요.

어미 돼지에게도 새끼를 낳는 것이 축복이 아니라 인간을 위한 임무입니다. 그것도 고기를 낳는 임무 말이에요. 몸도 돌릴 수 없을 만큼 좁은 스톨stall이라는 틀에 갇혀, 역시 인공 수정을 통해 임신과 출산을 반복합니다. 스톨의 크기는 폭이 60센티미터, 길이가 200센티미터에 불과해서 몸을 뒤로 돌릴 수도 없고 한 걸음도 앞으로 나아가지를 못합니다. 그야말로 몸은 틀에 꽉 끼어 옴짝달싹 못 하고 간신히 숨만 쉬고 살아야 합니다.

어미 돼지에게서 태어난 새끼들은 형제자매가 햄이 되고 소시지가 되고 삼겹살로 구워지기 전까지 6개월 정도를 살게 됩니다. 그들은 어미와 새끼의 관계가 아니라 모두가 고깃덩어리로 존재하는 상품이랍니다. 어미 돼지가 아주 잠깐 행복한 순간은, 사람들에게 새끼를 빼앗기기 전까지 그 탄생의 찰나밖에 없을 거예요. 그 이후에는 어미도 새끼들도 죽을 때까지 온전한 삶을 살지 못합니다. 환경이 열악하다 보니 돼지들의 정신도 온전할 리 없습니다. 고기가 고기다운 모습으로 진열되려면 멀쩡해야 하는데 몸도 아프고 마음도 아프니 면역력은 자꾸 떨어집니다. 그래서 항생제 주사를 끊임없이 맞아요. 특히 우리나라의 축산 농가에서 돼지에게 주사하는 항생제의 양은 선진국의 10배가 넘는다고 하는군요. 동물들의 몸에 축적된 항생제는 고기를 먹은 우리 몸에 고스란히 쌓이게 됩니다. 당연히 항생제에 대한 내성 반응이 생기게 되겠지요? 정작 우리가 아플 때는 약이 잘 듣지 않는 상황이 우려되는 것도 공장식 축산업으로 인한 문제 중 하나랍니다.

유럽 연합EU은 농장 동물의 자유를 보장하려고 돼지 스톨을 금지하고 있습니다. 우리 사회는 이런 문제에 대한 자각이 무척 더딘 것 같습니다. 해당 산업을 이끌어가는 사람들은 여전히 화려하게 포장된 모습만 광고하고 소비자들이 공장식 축산업의 불편한 진실을 알지 못하게 합니다. 우리는 최소한 동물들이 움직일 수 있는 공간을 마련해 주는 것, 이 정도를 가지고 동물 복지를 한다고 하니 아직 갈 길은 멀게만 느껴집니다.

송아지들은 또 어떤가요? 최상급이라 여기는 연하고 부드러운 송아지 고기는 태어나서 엄마젖 한 번 못 먹고 빛 하나 들지 않는 곳에 갇히게 됩니다. 움직임이 없을수록 고기가 연하기 때문에 좁은 공간에만 머물러야 합니다. 그것도 보통 몇 개월 안에 송아지의 삶은 끝납니다. 태어나서 며칠 만에 또는 조금 더 살면 1개월 만에 도축됩니다. 이렇게 도축되는 송아지 고기를 부르는 이름은 따로 있지요. 살아 있을 때 이름 한 번 갖지 못했던 동물들은 언제 죽었느냐에 따라 다양한 메뉴로 불리는 것입니다.

"송아지 송아지 얼룩 송아지. 엄마 소도 얼룩소 엄마 닮았네!" 하지만 엄마 소는 송아지가 어떻게 생겼는지도 모르고 새끼를 낳자마자 강제로 빼앗깁니다. 처절하게 울부짖지만 아무도 들어주지 않아요. 우리에게 들릴 리도 없습니다. 엄마 소의 몸에서는 송아지를 키우기 위한 젖이 나오지만, 그것을 섭취하는 생명은 송아지가 아니라 인간입니다. 우리는 우유를 완전식품이라 믿으며 지속적으로 소비하지요.

저는 '젖소'라고 하는 소의 종류가 따로 있는 줄 알았습니다. 가만히 있어도 계속 하얀 우유가 펑펑 쏟아지는 마법 같은 소 말이에요. 그런데 같은 포유류인 우리 인간도 출산하고 아기를 키울 때만 젖이 필요한 것처럼, 어미 소도 송아지를 낳은 후에야 몸에서 우유가 나오는 거랍니다. 그럼 평생 우유가 쏟아지는 목장의 젖소들은 뭘까요? 계속 송아지를 낳아야 우유가 나오지 않겠어요? 송아지를 계속 만들려면 인공 수정을 반복해서 시키고 그렇게 해서 태어난 송아지가 우유를 먹는다면 우리가 먹을 게 없어지니 송아지는 딴 데로 격리됩니다. 송아지가 고급 요리를 위해 도축되는 사이에 우리는 어미 소에게서 우유를 얻어 내는 것이랍니다. 그러니 젖소는 따로 있지 않아요. 송아지를 잃은 엄마 소를, 우리는 젖소라고 부른답니다. 그렇게 살다 더 이상 우유를 생산하지 못하면 결국 엄마 소는 햄버거의 패티용으로 도살됩니다.

그렇다면 송아지나 어미 소 말고 보통의 육우, 고기가 되는 소들은 오래 살 수 있을까요? 그들도 태어나서 2년 전후로 도축되는 경우가 보통입니다. 소의 수명 20년에 비하면 너무나도 짧은 삶이지만 더 키운다고 사료를 아무리 많이 먹여 봤자 더는 살이 안 찌고 돈이 안 되기 때문입니다. 그전에 거세를 당하는 것도 일반적이고요. 거세하게 되면 몸무게가 빨리 늘지 않는답니다. 어라? 몸무게가 안 늘면 고기 무게가 덜 나가서 손해잖아요. 하지만 거세를 하면 체지방이 많아지면서 고기가 부드러워지고 우리가 마블링이라고 부르는 무늬가 생겨 더 비싼 값에 고기를 팔 수 있기 때문이랍니다.

돼지와 소뿐만 아니라 닭과 오리도 모두 마찬가지입니다. 이 동물들의 이름 뒤에 '고기'를 한 번 붙여 보세요. 이미 어디서든 고기라는 또 다른 이름으로 불리는 것이 현실입니다. 물론 고기가 되지 않고 다른 역할을 하는 동물도 있어요. 그래도 많은 사람의 고기 소비를 위해 동물을 첨단 시스템으로 번식시키는 모습은 농장이라고 부르든 공장식 축산이라고 부르든 크게 다르지 않습니다.

우리는 고기들의 본래 모습을 전혀 알지 못합니다. 마트의 진열대에 랩으로 포장되기 전까지 한때는 동물이었을 그들이 어떤 모습으로 살다 왔는지 생각해 보지 않습니다. 조금 불편할 수도 있지만 여기서 우리는 필름을 거꾸로 돌려보도록 하겠습니다. 마트나 정육점에 진열된 순간으로⋯ 도축장에 거꾸로 매달려 있는 순간으로⋯ 농장에서 하나둘 트럭에 실리는 순간으로⋯ 제한된 공간에서 고통스러운 삶을 사는 순간으로⋯ 엄마와 아가 동물이 사람의 손에 의해 헤어져야 하는 순간으로⋯ 어미가 출산하고 아가가 축복받아야 하는 순간으로⋯ 그때 엄마 동물은 이런 마음일 것입니다. '아가야, 고기로 태어난 내 아가야, 너를 낳은 이 어미를 용서해다오⋯.'

개 식용은 지켜야 할
한국의 전통인가?

'먹방(먹는 방송)'이라고 하는 신조어는 우리 사회가 얼마나 먹는 것에 관심이 많은지 잘 보여 줍니다. 맛있는 것을 안 좋아하는 사람이 어디 있느냐고요? 당연히 저도 맛있는 음식을 아주 좋아합니다. 하지만 제 삶에서 최고의 가치가 되지는 않습니다. 동물이 본능에 의해서만 움직인다고 비웃는 사람이라면 자신 또한 식욕에 얼마나 몰입하는지 한 번쯤 생각해 봐야 합니다. 우리는 한국 사회에 너무나 익숙해져서 잘 모르겠지만, 외국인의 눈에 비친 한국인의 모습 중 매우 낯선 것 가운데 하나가 바로 먹방이랍니다. 오죽하면 제 외국인 친구가 말하길, "한국인은 열심히 일해서 먹고 마시고 쇼핑하는 데에 모든 열정을 다 쏟는 것 같다."고 하더군요.

먹방에서는 다양한 고기도 주재료로 많이 나오는데, 실상 우리 한국 사회가 소비하는 고기 중 '개고기'는 본 적이 없을 겁니다. 그렇다고 우리 사회에 영양탕, 보신탕이 없을까요? 복날이면 개고기를 먹어야 한다는 말을 들어 본 적이 없나요? 개고기는 한국의 고유한 음식 문화이니 누구도 간섭할 일이 아니라는 의견도 많지만 왜 텔레비전에서는 볼 수가 없을까요? 개 식용 문화가 존재하는 것은 기정사실이지만, 많은 사람이 개 식용에 불편함을 느끼기 때문이랍니다. 다시 말해서 개나 강아지는 대부분이 별 고민 없이 소비하는 고기가 아니라는 말이 되겠지요.

개 식용을 찬성하는 사람들은 개고기가 대한민국의 전통 음식이라는 주장을 합니다. 전통=지켜야 하는 것, 이런 논리이기 때문에 혹자는 고개를 끄덕일 수도 있겠지요. 그렇다면 우리가 자긍심을 갖고 지켜 내는 전통은 과연 얼마나 될까요? 다른 건 제쳐 두고라도 여러분의 또래에서 한 번 생각해 볼게요. 옛날에는 서당에서 회초리를 맞으며 공부하던 시절이 있었고 12세가 넘으면 부모가 자식을 혼인시킬 수도 있었는데, 그것도 대부분은 얼굴도 모르는 사람과 결혼을 해야 했습니다. 시집살이가 고되더라도 참아 내야 했으며 남편이 죽으면 같이 목숨을 끊는 사람을 열녀烈女라고 칭송했답니다. 역사에 기록된 사실이니 여러분도 그런 삶을 살아야 한다고 하면 받아들일 수 있을까요? 우리나라에도 신분 제도가 있었고 노예와 똑같은 의미의 노비라는 천민이 있었는데, 여러분은 기꺼이 그 전통을 이어가고 싶은가요? 아무리 전통이라고 하더라도 사람들의 생각이 바뀌고 세상

이 바뀌었다면 우리는 과거를 반성하고 새로운 역사를 써 나가는 것이 진정한 용기일 것입니다.

애완견 생산을 목적으로 운영되는 번식장은 3천여 곳이지만 식용 개 공급을 목적으로 하는 개 농장은 무려 1만 7천여 곳■입니다. 가장 놀라운 것은 전 세계 어디에서도 식용 목적으로 개를 번식시키는 곳이 없다는 것입니다. 크고 작은 농장을 통해, 개고기로 유명한 시장 등을 통해 공개적으로 조달되고 유통되는 곳은 대한민국이 유일합니다.

한국 외에도 개고기를 먹는 나라가 더러 있지만, 길거리에서 포획하거나 훔친 개를 거래하곤 한답니다. 반면 한국의 농장 개들은 식용을 목적으로 번식되어 뜬장에서 태어나고 어미 개들은 뜬장에서 살다가 그곳에서 생을 마감하는데, 보통은 전기 충격으로 감전사를 당하지요. 그런데 차라리 전기가 한 방에 목숨을 끊어 놓으면 더 나을지도 모릅니다. 일단 저항을 못 하도록 하는 것이 목적이기 때문에 어떤 상태가 됐건 그건 그다지 중요하지 않습니다. 곧 뜨거운 물에 넣어졌다가 탈모기에서 털이 뽑히거나, 목을 매단 채 죽을 때까지 몽둥이로 맞기도 합니다. 때려야 고기 맛이 좋다고 하는 어른들이 여전히 존재하기 때문입니다.

이 개들에게 사료란 사치스러운 음식입니다. 농장주들에게는 수지타산이 안 맞거든요. 1천 마리 이상 키우는 곳에서는 한꺼번에 들어가는 돈이 어마어마하잖아요. 음식물 쓰레기를 공급받는 것은 그나마 다행일지도 모릅니다. 같이 살았던 다른 개들의 사체에서 나온 내장 등의 부산물을 먹고살기도 합니다. 이는 사료관리법▪▪도 보호해주지 못하는 열악한 환경이 아닐 수 없습니다. 그런데 식용 목적으로 이렇게 사육되는 동물의 고기는 이를 먹는 우리의 건강 상태와도 직

▪ 정의당 이정미 국회의원, 〈한국의 동물 복지 현황과 입법전망 그리고 개 식용〉, 개 식용 종식을 위한 국제 콘퍼런스 기조 발제, 2016.
▪▪ 사료관리법 제14조 제1항 제7호와 제2항에서는 "인체 또는 농림 수산 식품부 장관이 정하여 고시한 동물 등의 질병 원인이 우려되어 사료로 사용하는 것을 금지한 동물 등의 부산물·남은 음식물 등 농림 수산 식품부 장관이 정하여 고시한 것을 동물들에게 사료로 사용하여서는 아니 된다"고 고시하고 있다.

결되어 나쁜 영향이 우리에게로 고스란히 돌아올 수밖에 없습니다.

세계에서 개고기를 먹는 나라 중에 한국이 유난히 공격을 많이 받는 이유가 있습니다. 언급했듯이 고기 소비를 목적으로 개를 공장식으로 사육하는 나라는 대한민국이 유일하니까요. 또한 상대적으로 경제 성장을 이루었음에도 고기의 생산과 소비 과정의 잔인한 음식 문화를 자랑스럽게 여긴다는 점에서 국제 사회의 거센 항의를 받고 있습니다.

세계 어느 나라도 개고기 산업을 합법화하고 있지 않습니다. 개고기 유통에 대한 시민 단체의 주장을 보면 개는 축산물 위생 관리법의 적용 대상이 아니어서 식용을 목적으로 하는 개 사육·도축·유통은 불법이라고 말합니다. 그러나 정부의 생각은 조금 다릅니다. 개는 축산물 위생 관리법의 적용 대상이 아니어서 육견의 유통이 불법이라기보다는 법이 마련되지 않은 사각지대에 놓인 것이라고 본답니다. 우리나라 음식 문화의 경과를 지켜보며 이 문제에 대한 관련 법안을 정비하겠다는 것이 2003년 국무조정실의 입장■이었고 현재까지도 이런 규정 해석으로 첨예한 의견 대립이 있는 상황입니다.

개고기에 대한 문제를 제기하면 이 질문도 많이 따라오지요. "왜 소나 돼지는 먹으면서 개는 먹지 말라고 하느냐"는 것입니다. 동물보호 시민 단체 카라KARA의 임순례 대표는 "모든 동물이 귀중한 생명이지만, 인간과 개의 유대감과 친밀성은 다른 동물보다 크다. 다른 동물들을 마음껏 먹자는 게 아니라 개라도 먹지 말자는 것"■■이라고 답변을 했습니다.

우리 사회는 개를 더는 고기가 아닌 반려동물로 인식하고 있습니다. 한 농장주는 사회의 이런 변화 때문에 개고기 가격도 점차 하락한다고 말합니다. 그리고 개 농장 산업이 한국에서 더는 수익 산업이 아니라고 토로했습니다. 하지만 유통을 목적으로 하는 공장식 개 농장은 우리 사회에 여전히 존재합니다.

■ 정의당 이정미 국회의원, 〈한국의 동물 복지 현황과 입법전망 그리고 개 식용〉, 개 식용 종식을 위한 국제 콘퍼런스 기조 발제, 2016.
■■ 〈소·돼지를 마음껏 먹자는 게 아니라 개라도 먹지 말자는 것〉, 한국일보, 2016. 9. 24.

치킨의 다른 이름,
육계와 산란계

어쩌면 여러분에게 가장 불편한 단락이 될 수도 있어서 저도 숨 좀 고르고 시작을 해야 할 것 같군요. 어느새 하느님과 동격이 되어 '치느님'으로 급부상한 프라이드 치킨, 양념 치킨 이야기입니다. 벌써 침이 꼴깍 넘어가는 소리가 들리는군요. 미안하지만 음식이 되기 전에 존재했던 닭과 병아리에 대해 반갑지 않은 이야기입니다.

매일 아침 닭이 홰치는 소리에 잠에서 깨곤 했던 저는 이제 매일 길거리 어디서나 성업 중인 치킨 가게를 지나게 됩니다. 오죽하면 한국에서 '퇴직 후 치킨집'이 유행처럼 번졌을까요? 세 집 걸러 치킨집, 두 집 걸러 커피점, 한 집 걸러 편의점이라고 할 만큼 만만하게 시작하는 사업 아이템이지만, 비즈니스란 결코 쉬운 상대가 아니랍니다. 물건을 도매로 떼어다가 소매로 팔아서 간단히 이윤만 남기는 일이 아니지요. 자본주의 사회의 이면에는 수많은 그림자와 결코 사람들에게 들켜서는 안 될 비밀이 존재하거든요. 그러다 '세상은 다 그렇고 그런 곳'이라고 좌절하며 사는 어른들이 대부분이랍니다. 아직 여러분은 그런 생각을 하기엔 이릅니다. 서서히 문제가 파악되어 가는 상황이니 이제 잘 풀어 볼 일만 남았잖아요?

우리는 지금 농장에서 사육되는 동물에 관해 이야기를 나누고 있습니다. 대부분은 애완용으로 팔리거나 고기로 팔리거나 둘 중 하나였지요. 거기에는 비즈니스, 즉 이윤이라는 개념이 항상 들어가 있습니다. 닭도 다르지 않습니다. 육계肉鷄와 산란계産卵鷄 중 하나의 이름으로 살며 그 목적에 맞게 사육된답니다.

닭은 2020년이면 돼지고기를 제치고 육류로 소비되는 동물 1위로 등극할 예정이라고 합니다. 오죽하면 닭 뼈가 현 인류를 대표할 화석이 될 거라는 말이 나올까요? 달걀이 포장된 상자를 보면 푸른 잔디밭에서 뛰어노는 닭들이 보이고, 그 옆에는 친환경, 방목, 자연 등과 같은 평화로운 단어들이 적혀 있지만, 현실 대부분은 매우 다르답니다. 장차 알 낳는 닭이 되기 위해 알을 깨고 나온 병아리들은 태어난 순간부터 산란계라는 운명을 뒤집어쓰고 성별 감식을 받게 됩니다. 이때 수평아리는 아무런 가치가 없어서 모두 버려지게 됩니다. 저는 인터넷 동영상으로 접했는데 살아 있는 병아리 수십 수백 마리를 분쇄기에 넣고 순식간에 갈아 버리더군요. 그렇게 가루가 된 병아리는 다른 닭들의 모이로 재활용되기도 하지요. 또는 여러분의 학교 근처에서도 많이 보았을 풍경인데 분홍이나 샛노랑, 연두색 등으로 염색되어 팔리는 병아리가 바로 상품성이 없어서 그런 식으로 처분되곤 하는 수평아리들이랍니다. 생명이 아닌 천 원짜리 장난감으로 취급되는 문화는 이미 어린 학생들에게까지 노출된 셈이지요.

알을 낳을 수 있는 암평아리들은 그나마 거기서 살아남지만, 태어난 지 얼마 안 되어 칼로 부리를 잘리게 됩니다. 자연 상태의 닭은 땅 위에 떨어진 모이를 쪼아 먹기 때문에 부리 끝에는 예민하게 발달한 신경조직이 있습니다. 그걸로 음식을 찾아야 하니까요. 그런데 이 부분을 자르는 이유는, 좁은 공간에서 스트레스를 받은 닭들이 서로를 해치는 일이 발생했기 때문이랍니다.

공장식 축사에서 산란계는 가로세로 50센티미터의 공간에 약 여섯 마리가 들어갑니다. 이런 철창을 층층이 쌓아 올린 것을 배터리 케이지battery cage라고 부르지요. 닭 한 마리에게 주어지는 공간은 어림잡아 이 책 한 권보다도 작은 면적이라는 계산이 나옵니다.

닭이 알을 낳으면 둥지를 틀고, 알을 품어야 하고, 날개를 퍼덕이기도 해야 하는데 그냥 비좁은 공간에 서 있는 것 외에는 아무것도 할 수가 없어요.

정상적인 상황에서라면 암탉은 태어난 지 6~7개월부터 알을 낳지만, 달걀 공장의 알 낳는 기계가 되었을 때는 더 빨리 시작해서 더 오래 낳도록 사육됩니다. 어떻게 그런 일이 가능할까요? 먼저 24시간 인공조명으로 훤히 밝혀 놓으면 자연 상태보다 알을 두 배로 많이 낳게 된답니다. 그러다 1년 6개월 정도가 되면 알 낳는 횟수가 주는데 그때는 10일~14일 동안 먹을 걸 전혀 주지 않고 물만 공급합니다. 그러면 닭들은 털이 빠지면서 폐사하게 되지요. 이 시기를 지나서도 살아남은 닭은, 이전보다 작지만 그럭저럭 상품으로 팔 수 있는 알을 1년은 더 생산할 수 있게 됩니다. 이 과정을 환우換羽라고 부릅니다. 바꿀 환換, 깃털 우羽, 닭의 목숨을 걸고 털갈이를 시켜 생산성을 높이는 일종의 비법이지요. 사실 자연적인 조건에서는 오래된 깃털이 빠지고 새 깃털이 자라는 과정을 주기적으로 거치지만, 인간에 의한 강제 환우에서는 먹이를 극도로 제한당하게 됩니다. 닭도 생명체이기 때문에 생체 기관은 심각한 타격을 입습니다. 이 방법도 무한정 통하는 게 아니어서 두세 번 하고 나면 더는 효과가 없습니다. 결국 마지막에는 닭들이 도축되는 도계장屠鷄場으로 실려가 생을 마감하지요. 2017년 현재 알을 낳는 용도로 길러지는 닭의 수는 대한민국 인구수보다 많답니다.

육계肉鷄, 즉 고기용 닭들도 사정은 마찬가지입니다. 팔도 뻗을 수 없고, 날개도 펼 수 없을 정도로 좁은 공간에서 미치지 않고선 견딜 수 없을 거라는 생각이 드는군요. 여러분도 알다시피 닭에게는 날개가 있지만 이미 우리 사회에서 닭은 날개가 필요 없어 조만간 퇴화하지 않을까 하는 생각도 드네요. 육계의 운명은 산란계보다 더 빨리 끝납니다. 왜냐하면, 삐약삐약 병아리가 한 달 정도 자라면 도계장으로 가야 하기 때문이에요. 자연 상태에서 닭은 20년 가까이 살 수 있지만, 양계장에서는 고작 한 달의 삶만 허용할 뿐이지요.

여기까지가 우리나라 99.9퍼센트의 양계 농가에서 벌어지는 일입니다. 왜 그동안 우리 눈에는 이런 상황이 들어오지 않았을까요? 만약 주변에서 흔히 보는 풍경이라면 사람들은 어떤 생각을 하게 될까요? 한 번쯤은 동물들의 고통이 끔찍하게 느껴져 마음이 아플 것이고 한 번쯤은 나의 무심함을 반성하게 되겠지요. 좀 더 용감한 사람이라면 불쌍한 동물을 그런 식으로 키우지 말라고 목소리를 높일 수도 있을 것입니다. 그런데… 그러면 양계 농가는 다 망하고 우리는 치킨을 먹을 수 없게 되는 것이 아닐까요? 그냥 이쯤에서 못 본 척 넘어가 버릴까요?

동물들이 공장에서 찍어져 나와 우리에게 오기까지의 과정은 철저히 가려지고 있었습니다. 대부분의 식당 간판이나 포장 등에는 즐겁게 웃는 동물들의 캐릭터를 볼 수 있지요. 현대의 '공장' 같은 '농장'에서 사육되는 동물들의 마음도 그럴까요? 이런 인위적인 사육 환경에서 생명체가 정상적으로 살아간다는 것은 아예 처음부터 불가능한 일이었습니다. 그것을 다 알면서 이런 시설을 운영하는 이유는 결국 수익 구조입니다.

면역력이 떨어져 발생하는 조류 인플루엔자, 구제역 파동 등 우리는 동물 전염병의 사회적인 위험 부담을 늘 안고 있습니다. 정부는 그럴 때마다 살처분이라는 가뿐한 방법을 선택하지요. 아니, 살처분은 전혀 가뿐하지 않습니다. 너무나 참혹한 아비규환의 현장입니다.

전염병이 더 커지면 손해만 더 생기게 되니 이후의 손해라도 막기 위해 질병이 발생한 지역에서는 살아 있는 동물을 구덩이에 몰아넣고 흙으로 덮어 버리는 것입니다. 죽임으로써 그냥 처분해 버린다는 뜻이지요. 정부의 지침에 따르면 "살처분은 적극적인 예방법"에 해당하지만, 근본적인 문제가 해결되지 않는 한 우리는 늘 같은 상황을 겪을 수밖에 없습니다.

유럽에서는 이미 닭의 배터리 케이지와 돼지의 스톨 사육이 금지되었습니다. 1960년대부터 공장식 축산업의 참혹한 현실이 알려지면서 동물들에게도 조금이나마 나은 환경을 제공하자는 동물 복지 개념이 일어난 것이지요. 우리나라의 농림 축산 검역 본부에서도 동물 복지를 위한 5대 자유를 공포했습니다. ① 배고픔과 갈증, 영양불량으로부터의 자유 ② 불안과 스트레스로부터의 자유 ③ 정상적 행동을 표현할 자유 ④ 통증·상해·질병으로부터의 자유 ⑤ 불편함으로부터의 자유입니다. 동물들을 위한 최소한의 자유 선언을 한 뒤, 과연 우리는 그들에게 얼마만큼의 자유를 보장해 주었을까요?

2
실험 동물

정의로운 인생을 추구하는 사람이 하는 첫 번째 행동은

동물 학대를 금지하는 것이다.

– 톨스토이

초·중·고교에서의
동물 실험

제가 중학교 1학년 때였어요. 개구리 한 마리씩을 잡아 오라는 숙제가 있었답니다. 논밭 여기저기 집 마당의 꽃밭까지 폴짝폴짝 뛰어다니는 개구리를 잡는다는 것은 시골 학생들에게는 그리 어려운 숙제가 아니었지요. 초록색 청개구리가 더 예뻤지만 조금 큰 것이 좋다는 선생님의 말씀에 저는 전날 밤 큰 개구리 한 마리를 머리맡에 두고 다음 날 등교할 생각에 무척 들떠 잠자리에 들었습니다. 망에 넣어 둔 개구리가 밤새 방 안을 돌아다니는 바람에 잠은 좀 설쳤지만요.

몰랐던 것은 아니지만, 과학 시간에 실험 해부용으로 쓰일 개구리였습니다. 그런데 큰 걱정은 하지 않았답니다. 뭔가 불쌍한 느낌도 있었지만 '어른들이 잘 해결하겠지'라는 막연한 믿음이 저를 위로해 주었던 것 같습니다. 또 우리가 공부해야 할 것이었고 선생님이 내

주신 숙제니까 그 과정에 당위성을 부여했던 것이기도 하고요.

드디어 과학 시간! 우리는 하나둘 잡아 온 개구리를 마취 솜이 들어 있는 커다란 유리 비커에 넣었습니다. 비커 뚜껑을 닫자 개구리들이 기절하기 시작했습니다. 마취된 것이지요. 아무런 저항력도 갖지 못한 개구리를 조별로 한 마리씩 나눠 갖고, 하얀 배를 위로 향하게 뒤집어 팔다리는 핀으로 고정했습니다.

그리고 배를 갈랐습니다. 처음에는 누구 하나 선뜻 가위를 들지 않았답니다. 왠지 개구리가 불쌍하게 느껴졌고, 그러다 보니 어떻게 손을 대야 할지 몰랐습니다. 살아 있는 생명의 배를 가른다는 것이 쉬운 일은 아니었거든요. 마음이 그러하니 우리의 손은 덜덜덜 떨리기 시작했답니다. 척척 진행하지 못하는 학생들에게 선생님께서 다시 차근차근 요령을 알려 주었지요. 그 순서대로 배를 여니, 작지만 사람과 다르지 않은 장기들이 가지런히 놓여 있더군요. 위장에서는 소화가 채 되지 않은 파리 한 마리도 나왔답니다. 정말 신기했습니다.

그러다 옆의 조에서는 해부 상태의 개구리가 벌떡 일어나 뛰어다니는 상황이 발생했습니다. 다들 비명을 질렀습니다. 내장이 쏟아지고 있었는데, 개구리는 눈만 끔벅거리며 마음대로 움직이지 않는 몸을 이끌며 그 상황에서 탈출을 시도했습니다. 개구리는 어리둥절 그 상황이 이해되지 않았을 거예요. 몸은 갈기갈기 찢어져 너무나도 아팠겠지요. 게다가 혼비백산 소리를 지르는 학생들 때문에 개구리는 더 무서웠을지도 모릅니다. 난장판이 되어 버렸지만, 선생님께서는

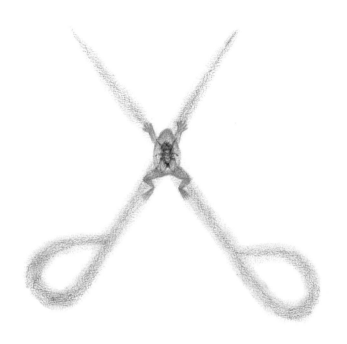

깨어난 개구리를 다시 마취시켜 상황을 수습했습니다.

어찌어찌 실험이 끝나자 선생님은 우리에게, 배가 열린 개구리들을 거둬 학교 뒷산에 흙을 파고 한꺼번에 묻으라고 했습니다. 그렇게 하면 개구리가 다시 살아난다고 했지요. 내장은 제 자리를 잡고 메스와 가위로 갈라진 배는 자연스럽게 아물어 다시 뛰어다닐 수 있다고 말이에요.

우리는 그 말을 믿었답니다. 똑똑한 여러분은 그 말이 뻔한 거짓말이라는 것을 금방 알아차리겠지만, 그때의 우리는 인터넷도 전화도 없는 깡촌 시골 중학교 1학년 학생이었거든요. 우리는 별로 무겁지 않은 마음으로, 선생님 말씀만 믿고 다시 산속을 뛰어다닐 개구리를 생각하며 실험 시간을 마무리했습니다.

어류, 양서류, 파충류, 조류, 포유류 어떤 동물을 막론하고 삶의 방식만 다를 뿐, 생명을 이어가는 데 필요한 장기는 크게 다르지 않다는 사실을 확인하려고 동물의 배를 직접 열어 보아야 했을까요? 또 음식물을 먹으면 배에 들어가고 그것이 갑자기 요술을 부리지 않는 이상 소화되기 전까지는 어느 정도 형태를 유지한다는 사실을 알려고 말이지요. 그것을 우리 눈으로 직접 확인해야만 믿을 수 있었을까요?

저는 지금에 와서야 이런 의문을 갖게 되었습니다. 아니, 저도 고등학생이 되고 성인이 되어가면서 더는 선생님의 말씀이 사실이 아니라는 것을 알게 되면서 엄청난 충격에 휩싸이기도 했습니다. 어디선가 개구리 노랫소리가 들려와도 아름답게만 느끼지 못하고, '그때 그 개구리는 어떻게 됐을까? 나는 그때 왜 그토록 어리석었나'를 자책하기도 했습니다.

저는 이런 해부 실험이 '아주 옛날'에나 있던 교과 과정인 줄만 알았습니다. 그런데 우리 사회의 겉모습이 더 반지르르해질수록 고통받는 동물이 더 많아진다는 사실은 그야말로 충격이었습니다. 오히려 예전보다 더 다양한 동물이 초·중·고교 학생의 과학 교과에서 희생당한다는 사실도 알았지요. 옛날처럼 집 근처의 개구리를 데려갈 수 없는 상황이다 보니 학교나 학원에서는 업체에서 사육한 황소개구리를 공급받기도 하고 붕어, 금붕어, 쥐, 닭, 토끼까지 이용하고 죽은 동물로는 소의 눈알, 돼지의 신장·방광·심장, 양의 뇌도 해부한다는 사실을 말입니다.

이러한 실험 등으로 우리가 알아야 할 지식은 무엇일까요? '작은 생명체도 인간과 다르지 않은 장기를 가졌다는 사실에서 생명의 소중함을 느끼게 해 준다'는 것일까요? 그렇다 하더라도 생명의 소중함을 느낀 뒤 처리되는 동물에 대해서 아무런 문제의식도 느끼지 못한다면, 그런 성찰의 시간조차 차단한다면 그것이 진정한 교육일까요?

다른 나라에서는 살아 있는 동물을 해부 실험으로 쓰는 것을 금지하는 경우가 많습니다.■ 동물 복지 차원에서 뿐만 아니라 해부 실습 자체가 윤리적, 사회적, 환경적인 면에서 '비교육적'이라고 판단하기 때문이지요.

우리나라 동물 보호법에서도 대학교 등 동물 실험을 하는 기관에 대해 동물 실험 윤리위원회 설치와 3R원칙■■을 따르도록 규정하고 있지만, 초·중·고교 등은 명시되지 않아서 법의 제재도 받지 않고

■ 대만은 중학교 이하 학생들의 동물 실험을 막고 있으며, 미국은 17개 주와 워싱턴DC에서 초·중·고 학생이 직접적인 동물 해부 대신 대체물을 선택해 교육받도록 보장하고 있다. 인도는 대학에서의 동물 해부 실험을 금지하고 해부 시뮬레이션 프로그램으로 관련 교육을 진행하도록 했다. 영국은 대학생 이하 학생들이 척추동물에게 통증이나 고통을 주는 학습 행위를 금지했다. 반면 한국은 대학에서 이미 독성 여부가 확인된 물질을 사용해 동물을 죽이는 실습을 하고 있다. 국내 초·중·고에서는 동물 생체 실험에 대해 아무런 가이드라인도 마련돼 있지 않다.
－〈찢겨지는 '실험실의 개구리'… 청소년 생명윤리도 '갈기갈기'〉, 경향신문, 2015. 10. 4.
■■최소화(Reduction) : 가능한 적은 수의 동물을 이용한다. 대체화(Replacement) : 실험 시작 전에 대체 가능한 방법을 모색해야 한다. 고통완화(Refinement) : 실험 진행은 동물이 고통 받지 않는 방법으로 해야 한다. 1959년에 윌리엄 러셀과 렉스 부르크라는 두 과학자가 동물과 인간의 관계 재정립을 목표로 이 원칙을 만들었다.

있습니다. 다만 황소개구리는 법적으로 사육과 유통이 금지되어 있는 생태계 교란 생물로 지정되었기 때문에 이를 해부 실습에 이용하면 생물 다양성 보전 및 이용에 관한 법률에 위반돼 2년 이하의 징역 또는 2천만 원 이하의 벌금형의 처벌 대상에 해당합니다.

학부모의 건의나 동물 보호 단체의 알림 활동 등으로 학교에서의 동물 실험은 조금씩 줄어들고 있지만 아직은 동물에 대한 인식이 많이 부족한 단계입니다.

학생들을 위한 학습적 배려라고는 하지만 직접 만져보고 해부해 보는 것이 과연 공부에 얼마나 도움이 될까요? 시험에 나오는 공부를 위해서라면 교과서나 참고서 정도로 충분하지 않을까요? 게다가 초·중·고교에서의 실습은 새로운 과학적 지식을 얻으려는 것이 아니라 이미 알려진 사실을 확인하는 것에 불과하지요. 더 생생하다고요? 그런 논리라면 우리는 모든 학습을 '체험'으로 익혀야 할 것입니다. 그러나 우리는 체험으로 뿌듯하고 보람 있는 것, 아름답고 행복한 것, 감동이나 통찰이 있는 것만 배우기에도 시간이 너무 부족합니다. 여러분의 학창시절은 금방 지나가거든요.

그리고 저처럼 두고두고 그때의 기억에 되돌릴 수 없는 아픔을 느낀다면 결국 과학 실습이라는 이름으로 포장된 행위들은, 얻는 것보다 잃는 게 더 많은 부끄러운 학습 과정이 될거예요. 이제 이런 이야기는 이미 사라진 실험실 풍경이 되기를 바랍니다. "뭐야! 옛날 얘기잖아?" 여러분의 입에서 이런 말이 나오도록 말이에요.

수의대
실습실 풍경

　그렇다면 수의대와 같은 특수한 학습 현장에서는 실습 동물에 대해 어떻게 다룰까요? 그 학생들은 동물을 사랑하기 때문에 아픈 동물을 치료하는 수의사 선생이 되고자 수의대에 들어갔습니다. 저는 이런 생각을 하는 아주 순진한 사람이었지요. 사실 여러분도 그렇게 알고 있지 않나요? 그러나 "동물을 사랑하는 사람은 수의사가 될 수 없다."는 말을 저는 수의사 선생님께 직접 들었습니다. 물론 그분의 개인적인 의견이긴 합니다. 이 의견에 공감하지 못하는 사람들이 더 많은 것도 현실이지요. 그만큼 우리는 수의학의 이면에 있는 현실에 대해 제대로 알지 못합니다. 그렇다고 그분들이 동물을 사랑하지 않는다는 것이 아니에요. 동물을 사랑해서 수의대에 들어갔는데 그것만으로 버틸 수 없는 과정이 너무나 많아 좌절한답니다. 동물을 사랑하기 때문에 감행하기 힘든 과정이 되는 건지도 모르겠습니다. 그래서 정말 독한 사람이 아니고서는 견디기 힘든 분야가 수의학이라고 합니다. 최소한 수의대에 다니는 학생이나 이미 수의사가 되신 분들은 이것이 무엇을 의미하는지 알 거예요.

여러분 중에서도 수의학과 진학을 계획하는 친구들이 있겠지만, 막상 수의대에 들어가면 마음고생 할 각오를 단단히 해야 합니다. 여러분이 상상하는 것보다 훨씬 마음 불편한 실습과 실험을 하거든요. 그 정도는 기본 아니냐고요? 하지만 동물을 다룸에서 무분별하고 아무런 연민 없이 대하는 경우가 태반이라 마지막 순간까지 고통만 받다 떠나는 동물들이 너무나 많습니다. 그런 모습을 보고 마음이 아파 더 이상은 이런 공부를 못하겠다며 중도하차 하는 학생들도 꽤 된답니다. 여기서 전제하는 것은 진실로 동물을 사랑하는 사람의 경우, 연민과 배려가 없는 수의학계 현실을 통탄스럽게 여긴다는 얘기입니다.

수의학과에서 해부 실습을 할 때는, 살아 있는 동물을 데려와 동맥을 끊어 피를 다 쏟게 한 뒤에 다음 과정을 진행합니다. 도축장의 모습을 사진으로라도 본 적이 있는지 모르겠지만, 그 동물들도 거꾸로 매달려 방혈放血을 당하는데 모세혈관에 혈액이 남아 있으면 고기의 품질이 나빠지기 때문이랍니다.

해부학에서도 생생한 장기로 실습을 해야 해서 이 과정을 거치는 것이지요. 해부학도 그렇지만 채혈 실습을 위해 들어오는 동물들은 손놀림이 아직 서툰 학생들에 의해 고통을 당하다 마지막에는 모두

죽임을 당하게 됩니다. 학문을 위한 과정이지만 필요 이상으로 많은 생명을 거침없이 다루는 것은 수의학을 전공하는 많은 학생이 심리적 고통을 느끼는 부분입니다.

얼마 전 한 수의대에서는, "불가피하게 실험을 해야 한다면 윤리적이고 합법적인 절차로 하자"는 뜻을 가진 학생들이 용기를 내어 사법기관에 고발장을 접수했던 일이 있었습니다. 현행법에서는 교육용 실습에 쓰는 동물의 경우 식품 의약품 안전처에 등록된 업체를 통해서만 공급받게 되어 있는데, 실습 시간에 이용된 개들은 동물 학대의 온상지인 불법 사육장에서 보내온 개들이었거든요. 대학은 실습용 동물을 제공받으면 업체에 비용을 지불합니다. 동물을 사랑하는 마음으로 치료하는 것을 가르쳐야 할 대학이 동물 학대를 방조하고 오히려 불법 산업에 자발적으로 연루해 이익을 준다는 사실은 수의학계에서는 공공연한 비밀이었습니다. 알 만한 사람은 다 아는 사실이었지만 관행이라 그러려니 하며 넘어가고, 넘어가고, 넘어가고, 결국 이 상황까지 오게 된 것이지요. 일부 학생들이 문제의식을 느낀다고 하더라도 공부를 포기하지 않는 한 자신에게 불이익이 생길까 봐 아무 말 못 하는 경우가 많습니다. 상황을 알리더라도 졸업이나 하고 알리는 게 낫지 않겠느냐는 조언을 듣기도 하지요.

수의학을 공부하는 사람들은 이제 막 성인이 된 학생들이 대부분이고 장차 여러 생명을 살려야 하는 소명을 받은 사람들이기에 더욱 무거운 책임감을 느껴야 합니다. 늘 동물을 대하는 현장에 있는 사람들이기에 동물을 사랑하고 동물을 치료하겠다는 첫 마음을 잊지 않는 것이 필요합니다.

또한 교육자들은 학생에게, 동물을 다룰 때의 겸허한 자세를 강조하고 최소한 히포크라테스 선서[*]에 준하는 윤리 의식을 지키도록 가르쳐야 할 것입니다. 아픈 동물을 위한 의술을 가르치고 배우는 현장이야말로 동물에 대한 따뜻한 연민을 바탕으로 동물 문제에 깊이 성찰해야 하지 않을까 합니다. 우리는 동물을 진정으로 사랑하는 수의사 선생님을 꿈꾸니까요.

[■] 의학의 아버지로 불리는 히포크라테스는 기원전 5세기~4세기 경에 의학도로서의 윤리를 담은 선서를 작성하였다. 1948년 스위스의 제네바에서 개최된 세계 의학 협회 총회에서는 히포크라테스의 선서를 당시의 상황에 맞게 수정하였고 1968년 시드니 총회에서 최종 완성하여 오늘날의 <제네바 선언>에 이르렀다. 히포크라테스에서 제네바 선언에까지 이어지는 이 선서는 우리나라의 의과 대학 졸업식에서도 낭독되고 있다. 그 내용은 다음과 같다.
"의업에 종사하는 일원으로 인정받는 이 순간에 나는 나의 일생을 인류 봉사에 바칠 것을 엄숙히 서약하노라. 나의 스승에게 존경과 감사를 드리겠노라. 나의 양심과 위엄으로써 의술을 베풀겠노라. 나는 환자의 건강과 생명을 가장 중요하게 생각하겠노라. 나는 환자에 대한 모든 비밀을 지키겠노라. 나는 의업의 고귀한 전통과 명예를 유지하겠노라. 나의 동료를 형제와 자매처럼 생각하겠노라. 나는 나이, 질병 또는 장애, 신념, 인종, 성별, 성적 취향, 국적, 정치적 입장이나 사회적 지위를 초월하여 오로지 환자에 대한 의무를 다하겠노라. 나는 생명이 잉태된 순간부터 인간의 생명을 존중하겠노라. 어떤 위협을 당하더라도 나의 지식을 인권과 시민의 자유에 어긋나는 곳에는 쓰지 않겠노라. 이상의 서약을 나의 자유의사로, 나의 명예를 걸고 서약하노라."
- 세계 의학 협회 홈페이지 http://www.wma.net

아름다움을 위해
고통받는 동물들

요즘에는 청소년도 메이크업을 많이 하는 걸로 압니다. 과거에는 여성들의 전유물이라고 여겼지만, 지금은 남자들도 비비크림이나 색조 화장 등에 관심이 많지요. 거기까지는 아니더라도 기초 화장품 정도는 누구나 쓰고 있습니다. 그러나 우리의 아름다움 뒤에 가려진 참혹한 현실은 그동안 제대로 알려지지 않았습니다. 어쩌면 한 번쯤 그런 기사를 접했더라도 나의 아름다움을 포기하고 싶지 않았을지도 모르겠어요. 누구나 건강하고 예쁜 게 좋겠지요. 저도 그렇습니다. 그런데 동물들도 마찬가지예요. 중요한 것은 나의 아름다움을 위해 누군가 고통을 당한다는 사실을 외면해서는 안 된다는 것입니다.

화장품을 만들려고 잔인한 동물 실험을 한다는 얘기를 들어 본 사람이라면 자연스럽게 토끼를 떠올리게 됩니다. 그만큼 실험에 보편적으로 이용되는 동물이 바로 토끼입니다. 여러분의 집에는 함께 사는 반려동물이 있겠지만, 동물은 애완용, 식용, 실험용이 따로 있는 것이 아니랍니다. 모두 같은 동물이지요. 여러분도 용도가 나뉘지 않는 것처럼 말입니다.

토끼가 야생에서 산다면 들로 산으로 깡충깡충 뛰어다닐 겁니다. 그러나 이미 실험실 동물로 태어난 이상 그런 삶은 일찌감치 포기해야 한답니다. 시각과 청각이 발달된 토끼는 실험실이라는 제한적인 공간에서 인공적인 조명과 소음들에 지속적으로 자극을 받아 결국 질병에 취약해지고 맙니다.

토끼는 눈물샘이 없답니다. 우리와 약간 다르죠? 우리의 눈에 뭔가가 들어오면 몸은 얼른 상황을 파악하고 눈물을 보내 주어 이물질을 씻어냅니다. 그런데 토끼는 그게 아니어서 화장품 유독성 확인 실험의 대상이 됩니다. 눈에 주입되는 화학 물질을 눈물이 씻어내 버리면 실험이 제대로 안 되니까요. 그래서 계속 독성 물질을 떨어뜨려 토끼 눈의 반응을 보는 것이랍니다. 그 과정에서 토끼가 괴로워 발버둥을 칠 수 있으니, 토끼를 단단히 고정시켜 놓습니다. 목만 나오게 만든 틀에서 토끼는 전혀 움직일 수 없이 그 과정을 견뎌내야 합니다. 너무 고통스러운 토끼들은 그 안에서 몸부림치다 목뼈가 부러져 죽기도 한답니다.

화장품 중에서도 우리 눈을 선명하고 커 보이게 하는 마스카라를 만들려면 토끼에게도 수천 번 덧칠해 보고 나서 화학 약품이 눈에 들

어가도 괜찮은지, 눈 혈관에서 어떤 반응을 나타내는지 관찰하는 방식으로 실험을 합니다. 저는 이 사실을 알게 된 뒤, 제 눈이 아무리 예뻐 보인다고 하더라도 눈이 짓무르고 시력과 목숨까지 잃어간 토끼들을 생각하면 도저히 마스카라를 할 수가 없었습니다. 다른 생명과 맞바꾼 아름다움이 진짜 아름다움일까 하는 생각이 들었거든요.

저와 비슷한 생각을 하는 사람이 많아졌는지 유럽 연합은 2004년에 화장품 제조를 위한 동물 실험을 금지하기 시작했고 2013년에는 동물 대체 시험(동물 대신 미생물, 식물 등으로 이루어지는 시험)이 불가능한 원료를 포함해 모든 동물 실험을 거친 원료가 들어간 화장품에 대해 판매·수입을 전면 금지했습니다. 우리나라에서도 2016년 2월 3일에 공포된 화장품법 개정안에 따라 2017년 2월부터 동물 실험을 통해 만든 화장품을 유통하거나 판매할 수 없게 되었습니다. 그런데 여기에는 예외▪가 있습니다. 이 내용을 보면 과연 법에 실효성이 있는지 의문이 들지 않을 수 없습니다.

중국 여행객들이 한국에 오면 화장품을 아주 많이 구매해 간다는 것은 여러분도 잘 알 것입니다. 서울 명동 거리에는 중국 사람들과 화장품 상점들이 넘쳐난 지 꽤 되었지요. 우리나라에서는 동물 실험을 통해 제조된 화장품 유통이 금지되었지만, 문제는 중국으로 수출하려면 동물 실험을 의무적으로 해야 한답니다. 여기서 충돌이 생기는 것입니다. 그렇다고 중국 수출을 포기할까요? 현재 여러분이 다 알만 한 국내 화장품 회사 중에는 중국 수출을 하지 않겠다고 선언한 기업이 없습니다. 유럽의 기업들 역시, 중국 시장이 워낙 거대해서 화장품 수출을 위해 사실상 동물 실험을 여전히 진행하고 있는 것이

▪ 살균 보존제, 색소, 자외선 차단제 등 특별히 사용상의 제한이 필요한 원료에 대하여 그 사용 기준을 지정하거나 국민 보건상 위해 우려가 제기되는 화장품 원료 등에 대해서 평가를 위한 경우 동물 실험을 할 수 있다. 또한, 동물 대체 시험법이 존재하지 아니한 경우, 화장품 수출을 위하여 수출 상대국의 법령에 따라 동물 실험이 필요한 경우, 수입하려는 상대국의 법령에 따라 제품 개발에 동물 실험이 필요한 경우, 다른 법령에 따라 동물 실험을 시행하여 개발된 원료를 화장품의 제조 등에 사용하는 경우 등은 동물 실험 금지에서 예외다.

현실이고요. 우리나라에서 법이 통과된 것은 반가운 소식이지만 사실상 무늬만 그럴듯한 법이기 때문에 동물 복지에 기여하기는 상당히 어려워 보입니다. 비유하자면 이런 겁니다. 여러분의 학교에서 체벌을 금지하기로 했는데 "단 자녀가 말을 안 듣는 경우에 체벌해서라도 바로잡아 달라는 학부모가 있다면 이는 예외로 한다. 또는 체벌이 아니고서는 안 된다고 판단이 되는 상황이라면 체벌을 허용할 수 있다." 이런 조항이 있다면 어떻게 될까요? 사실 체벌을 금지한다는 그럴싸한 약속은 하나 마나 한 말이 되어 버리는 것이지요.

따라서 화장품 생산에 있어 불필요하게 동물을 학대해서 생기는 문제를 근절시키고 동물 복지와 동물의 권리 제고가 중요하다는 취지로 법을 만들었다면 전혀 앞뒤가 맞지 않는 이런 예외 규정은 없어져야 할 거예요. 더구나 이제는 동물에게 직접 시험하지 않아도 더 정확하고 안전한 대체 시험법이 많이 개발되었고 이미 우리나라의 식품 의약품 안전처에 등록된 화장품 원료만도 1만 가지가 넘기 때문에 이것들만 배합해도 충분히 안전한 화장품 생산이 가능하니까요.

몇몇 기업들은 더는 동물 실험이 필요하지 않다고 선언했습니다. 이 기업들은 경제적인 이익보다 동물 학대를 절대 용인하지 않겠다는 의식으로 중국 시장 진출 등을 포기하고, 피와 눈물로 범벅된 아름다움이 아닌 진정으로 건강한 생활을 제공하려고 노력한답니다. 동물 보호 시민 단체 카라에서는 착한 화장품 기업 리스트▪를 계속 업데이트해서 사람들에게 알리는 작업을 하는데, 동물 실험을 하지 않는지, 동물성 원료를 사용하지는 않는지, 중국으로 수출하지 않는지 등을 표기해서 더 쉽게 소비자의 선택을 돕고 있습니다. 개인적인 생각이지만 현재 중국으로 수출할 경우에는 동물 실험이 필수로 요구되기 때문에 진정으로 화장품 동물 실험에 반대한다면 위의 세 조항을 모두 지키는 기업을 선택하는 것이 더욱 적극적인 참여가 아닐까 합니다.

동물 실험은 일부러 동물들에게 고통을 주려는 과정이 아닙니다. 하지만 동물도 고통을 느낀다는 사실을 아는 이상 우리의 편익만을 위해 지속적으로 실험을 하는 것은, '도덕과 윤리 의식을 갖춘 인간이 다른 동물보다 우월하다'는 논리에는 맞지 않아 보이는군요.

■ www.ekara.org/cosmeticsanimaltestingfree 사이트 참조.

제약 및 생명 과학을 위한 희생

화장품 동물 실험은 더 이상 필요하지 않다고 하더라도 제약이나 의학 분야에서는 반드시 동물 실험을 해야 한다고 주장하는 사람이 많습니다. 우리의 건강과 직결되는 문제이니까요. 여러분 중에도 지금까지 약을 안 먹어 본 사람이 없을 것이고 병원에 안 가 본 사람도 드물 것입니다. 동물 실험을 반대한다고 하면, 아쉬울 때 혜택은 다 받고 허튼소리 한다고 비난하기도 하지요. 가장 쉽게 듣는 말은, 사람 생명이 더 중요하지 동물이 더 중요하냐는 이분법적 선택의 강요입니다. 여러 차례 언급했지만, 사람의 생명도 동물의 생명도 모두 중요합니다. 우리는 이 모두를 지키는 방법을 찾아가고 있습니다. 당장은 조금 불편해질 수도 있지만 세상의 모든 부정적인 결과는 조금 쉽게, 조금 편한 방법으로 이익을 취하려 할 때 발생한다는 사실을 안다면 약간의 불편함 정도는 기꺼이 감수할 용기가 있어야 할 것입니다.

놀라운 것은, 우리가 믿는 바와는 반대로 의학과 생명 과학 분야에서 동물 실험이 비효율적이라는 사실이 밝혀진 지는 오래되었습니다. 1900년대까지만 해도 동물 실험은 신약을 개발하는 데 큰 역할을 했지요. 결핵, 홍역 등에 효과적인 약들이 개발되었고 많은 사람의 생명을 구할 수 있었으니까요. 하지만 1950년대에 있었던 얘기를 하나 해 볼까요?

독일의 한 제약회사는 탈리도마이드^{Thalidomide}라는 수면제를 개발했습니다. 물론 실험 쥐들을 상대로 임상 시험을 거쳤고 아무런 문제가 없자 확신을 하고 광고를 시작했지요. 동물 실험을 통해 유례없을 정도로 안전한 물질임이 증명되었다고 강조하며 "기적의 알약"이라는 문구로 사람들의 마음을 사로잡았습니다. 당시 이 약은 임신부들에게 인기가 많았는데 그 이유는 입덧을 막아 주는 효과 때문이었습니다. 이 약을 먹으면 임신 초기에 겪는 입덧의 고통에서 해방된다는 기대로 많은 임신부가 이 약을 복용했지요. 그러나 얼마 후 전 세계 46개국에서 1만 2천 명의 기형아가 태어나고 말았습니다.

역학 조사로 밝혀낸 결과는 충격적이었습니다. 임신 뒤 6주 이전에 탈리도마이드를 복용하면 100퍼센트 사지가 없거나 매우 짧거나 손가락 발가락이 없는 기형아가 태어난다는 사실입니다. 제약회사는 궁색한 답변만 하다가 1962년에야 성분의 부작용을 뒤늦게 인정하고 다시 동물 실험을 해 보았습니다. 이번에는 개, 고양이, 닭, 햄스터 등이 그 대상이 되었지요. 그런데도 동물들에게서는 어떠한 부작용도 발견할 수 없었고 결국 인간에게만 해롭다는 결론을 내리게 된 것입니다.

어떤 설사약은 인간에게 시력 상실이라는 부작용을 초래하기도 했고 한 관절염 치료제는 68만 명을 사망에 이르게 했습니다. 이는 동물 실험에 쓰인 동물들의 희생뿐만 아니라 수많은 인간의 생명까지 동시에 앗아간 비극이 아닐 수 없습니다. 사회 전체에 미친 혼란과 충격 또한 말할 수 없이 컸던 사건이었지요. 동물과 인간이 공유하는 질병은 1.16퍼센트에 지나지 않아 동물 실험으로 개발된 의약품은 사실상 보편적인 안전성을 보장해 주기 어려운 정도의 비율입니다. 그런데도 우리는 동물 실험의 결과에 안도하는 실정입니다.

최근 우리 사회에 문제가 불거진 가습기 살균제 사건을 아시나요? 1994년부터 2011년까지 10년 이상 판매되어 이후 영유아를 포함해 많은 사망자를 발생시킨 가습기 살균제는 인체에는 해가 없는 청결한 제품이라고 광고가 되었습니다. 가습기 물에서 기하급수적으로 번식할 수 있는 세균을 잡아 준다고 했으니까요. 상대적으로 가습기를 많이 쓰는 산모와 아가들에게 필수품으로 여겨졌었지요. 정부의 뒤늦은 유해 판정이 있기까지 연간 60만 개가 판매되었고 잠재적 피해자가 될 수 있는 수는 약 800만 명을 넘어설 것이라는 이야기도 있습니다. 이미 동물 실험으로도 심각한 유해성이 발견되었지만, 기업은 이를 조직적으로 은폐했다는 정황까지 드러났습니다. 왜 그랬을까요?

여기서 저는 이런 생각이 듭니다. 동물 실험으로 안전성이 입증되었다 하더라도 인간에게 적용하기에는 극도로 빈약한 안정성에 도박을 해야 하거나, 동물 실험 결과가 좋지 않더라도 기업이 이윤에만 눈이 멀어 실험 결과를 은폐한다면 우리는 어느 쪽이든 당할 수밖에 없다는 사실입니다. 결국, 동물은 동물대로 인간은 인간대로 이윤을 목적으로 한 기업 등에 생명 하나를 맡기는 것밖에 안 되는 셈이지요.

설령 동물 실험이 아무리 유용하다고 할지라도 이를 대체할 방법이 충분하다면 굳이 무고한 생명을 희생시킬 필요가 없을 것입니다. 우리는 이미 다양한 과학 분야에서의 발전을 이루어 냈습니다. 의학이나 신약 개발에서도 사체를 연구하고, 인간 세포와 조직을 이용한 실험, 컴퓨터 시뮬레이션 등의 연구를 활용한다면 충분히 동물 실험을 통해 발견하는 그 이상의 정보를 얻어 낼 수 있습니다. 더 나아가 인공 피부를 사용하거나 동물의 반응을 본뜬 컴퓨터 모델링을 활용하는 등 다양한 대체 실험법도 개발되고 있는 상황이랍니다.

다시 주변의 동물 이야기로 돌아가 볼게요. 우리나라에서는 주인에 의해 버려지거나 길을 잃은 동물이 연간 10만 마리에 달합니다. 이들을 유기 동물이라고 부르지요. 실제로는 모두가 유기된 상황은 아닐지라도 주인의 품에 돌아가지 못하고 시·군·구에 위탁 관리되어 유기 동물 보호소에 입소하는 수와 집계되지 않는 수까지 고려한 수치입니다. 이 숫자는 언론에서 자주 언급이 돼 비교적 많은 사람이 알고 있습니다. 그에 비하면 실험대에 올라 온갖 실습, 임상 시험 등 내·외과 수술을 받다 고통 속에서 처참하게 떠나는 동물은 연간 500만 마리에 달합니다. 그래도 우리는 실상을 제대로 알 수도 없었고 그들만의 실험실·실습실에서 벌어지는 일로 그냥 입을 꾹 다물면 그걸로 끝이었습니다. 소위 과학, 의학, 약학 발전에 공헌하려는 사람들이라고 자타 공인하기 때문이랍니다.

이쯤 되면 동물의 희생을 통해 우리가 배울 수 있었던 것들은 이미 충분하다는 결론이 나오지 않을까요? 우리는 이성적인 사고를 하는 영장류이기 때문에 상황 파악이 되면 조금 천천히 가더라도 생태계 전체가 위기에 빠지는 위험은 막을 수 있다고 생각합니다. 더는 무차별적인 동물 실험에만 기대거나 기업의 이윤만을 위한 광고에 속지 않을 힘도 있으리라 봅니다. 이제는 어떤 분야를 막론하고 동물의 생명을 무작위로 이용하는 실험이란 악습의 답보, 구태의연한 선택, 진보적이지 못한 발상에 지나지 않았다는 것이 드러날 날이 곧 오리라고 생각합니다.

3 동물원의 동물

야만적이고 잔인한 짐승은 창살 뒤에 있지 않고 창살 앞에 있다.

– 악셀 문테

동물원은
왜 생기게 되었을까?

　현존하는 가장 오래된 동물원은 1752년에 설립된 오스트리아 빈의 쇤브룬 동물원입니다. 그 무렵 유럽의 귀족들은 특이한 동물을 가졌다는 것을 자랑으로 여겼지요. 마치 "너희 집에 이런 동물 있니? 나는 갖고 있단다!"라며 특별한 동물로 다른 귀족들의 시선을 사로잡고 싶었던 것입니다. 그래서 진귀한 동식물을 수집해서 자신의 넓은 정원에 전시하기 시작했지요. 너도나도 이런 취미를 갖게 되고 동물들을 훈련해 진기한 서커스까지 시키기에 이르렀지만, 흥행이 극에 달했다가 점점 시시하다고 느끼게 되었습니다. 신기하게 보는 것도 한두 번이지 나중엔 오히려 지겨워지잖아요?

　그래서 독일의 하겐베크Hagenbeck■는 이동 동물원에 인간까지 전시하기에 이르렀습니다. 그린란드와 태평양 군도와 아프리카 등지에서 토착 원주민들인 '사람 가족'을 데려와 관람객들을 구경시킨 '인간 동물원'을 만든 것입니다. 점점 자극적인 것을 보여 주지 않으면 사람들의 관심이 금방 다른 곳으로 돌아가 버리거든요. 그것이 1870년대의 일입니다.

인간 동물원의 인간들이 노래하거나 젖 먹이는 모습을 보며 관람객들은 열광했습니다. 저런 미개한 동물들도 사람 흉내를 낸다고 말이지요. 서로 말이 통하지 않았기 때문에 동물원의 인간들이 무엇을 하는지 행동을 살피며 신기해했답니다. 통역자를 빼고는 원주민들에게 유럽의 말을 못 배우게 하고 현지인과 멀찌감치 떨어져 있도록 했지요. 그래야 공연이 되었으니까요. 당시의 미디어에서는 최고의 교육 기회라고 극찬을 했고 학자들은 전시되었던 사람들을 종족별로 연구해 자료로도 만들어 놓았습니다.

그런데 인간 동물원은 그리 오래가지 못했습니다. 유럽으로 오게 된 '원주민들'은 다른 '인간들'과 다르지 않게 담배도 피우고 술도 마시고 카드놀이까지 배우게 됐거든요. 게다가 원주민 청년들과 독일 여성들 사이에 사랑이 싹터 아기가 태어나면서 사람들은 뭔가 이상하다고 느끼기 시작했습니다. 저들이 인간이 아니라면 미개한 모습

■ 독일 동물원의 창설자인 하겐베크(Hagenbeck)의 아들인 칼 하겐베크(Carl Hagenbeck 1844~1913)는 15세 무렵부터 아버지의 직업을 계승하여 국제적인 규모로 발전시켰다. 현재는 하겐베크라는 이름을 쓸 때 보통 부자(父子) 중 아들을 일컬으며 그는 세계적인 동물 상인이자 동물 조련사로 활동했으며 현대 동물원의 아버지라 불리운다. 현재 독일 함부르크에 있는 하겐베크 동물원은 아들인 칼 하겐베크가 1907년에 창립했다.

만 보여야 했는데, 우리와 다르지 않은 인간이라는 사실을 깨닫자 왠지 돈을 내고 들어간 것이 아깝다는 생각을 하게 되었지요. 돈이 안되니 이 사업은 지속될 수 없었고 원주민들도 우리와 다르지 않다는 사실을 자각하고 20세기 중반에야 이런 역사는 막을 내리게 된 것입니다.

우리 나라에도 위와 다르지 않은 동물원이 있습니다. "에잇! 우리 나라 동물원은 진짜 동물만 있잖아요! 그거랑 이거랑 어떻게 같아요!" 이렇게 말할 수 있을 것입니다. 그렇다면 그거랑 이거랑 어떻게 같은지 한 번 볼까요?

우선 같은 점은, 전시된 동물을 우리와는 다른 미개한 종족이라고 여긴다는 점입니다. 또 하나는 미개한 종족이니까 그런 식으로 전시되어도 좋다고 여긴다는 점이고, 그걸 보려고 우리는 돈을 낸다는 점, 그 돈으로 부자가 되는 사람들이 있다는 점 등이 있습니다.

그렇다면 다른 점도 볼까요? 그때는 스스로 기꺼이 전시되어도 좋다고 여겼던 원주민들이 있었습니다. 그래서 동물원의 관계자와 직접 계약 관계를 맺기도 했지요. 원주민들은 일종의 수입을 챙기고 공연을 했던 셈입니다. 그런데 동물들은 기꺼이 전시되기를 원할까요? 동물들이 돈을 받고 수입을 챙기나요? 그렇지 않습니다. 오히려 동물들은 동물원에서 미쳐 갑니다. 왜냐하면, 본래의 생태 환경에 있어야 하는 동물들을 인간 사회 속에 감금하고 있기 때문이랍니다.

우리나라의 동물원을 살펴보도록 하겠습니다. 우리나라 최초의 동물원은 조선 순종 때인 1909년 서울 창경원 동물원이었지만, 1984년 서울대공원 동물원 개원까지만 유지됐지요. 제가 초등학교 때 처음 가 보았던 동물원은 서울은 아니었지만 나름의 규모가 있었던 도회지의 동물원으로 기억합니다. 가장 먼저 눈에 띈 동물은 다리가 세 개만 있었던 개 한 마리였어요. 뒷다리 하나가 잘린 채로 걸어 다니던 모습을 보고 어쩌다 저렇게 되었는지 너무나도 불쌍한 마음이 들어 눈물이 났습니다. 그리고 비단구렁이를 보았습니다. 아주 거대했지요. 시골길 아무 데서나 보았던 구렁이, 물뱀들에 비하면 덩치가 어마어마하게 커 보였어요. 그런데 어두운 공간에 갇혀 죽은 듯 가만히 똬리를 틀고 있던 모습은 덩칫값도 못하는 힘없는 생명체에 지나지 않았습니다. '그 비단구렁이는 과연 살아 있기나 했었을까?' 그런 생각이 종종 되살아나곤 했으니까요.

여러분도 동물원에 가 본 경험은 다들 있을 거예요. 사람들 곁으로 와 먹이를 구걸하는 듯한 상황 말고는 거의 힘없이 앉아 있거나 움직임이 극히 적어서 오히려 시시하다고 생각했던 경험이 많았을 것입니다. 동물들은 예외 없이 모두 실제 필요한 공간보다 훨씬 좁은 곳에서 살아야만 하거든요. 코끼리가 있는 공간은 야생에서의 삶에 비하면 1천 분의 1에 지나지 않고, 북극곰의 경우에도 광대한 자연이 필요하지만 1백만 분의 1도 안 되는 극도로 제한된 곳에서 살아야 합니다. 공간도 공간이지만 우리나라의 환경과는 전혀 맞지 않아 고통을 겪는 대표적인 동물이 바로 북극곰이에요. 여름이면 뉴스 화면에서 '동물원 동물들의 피서법'이라며 수조에 몸을 담그고 얼음을 먹는 곰의 모습을 보여 주기도 하지요. 그러나 영하 40도에 적응하도록 태어난 북극곰에게 영상 40도에 육박하는 한국의 여름은 얼음 몇 개로 견디기에는 너무 가혹한 계절일 것입니다.

야생에 있던 동물들이 동물원이라는 감옥에 갇혀 살게 되면서 이들의 삶은 인간에게 조종될 수밖에 없는 시스템입니다. 하루에 무엇을 얼마나 먹어야 할지, 그것도 언제 먹어야 할지, 얼마나 걸을지, 얼마나 깊게 헤엄을 칠지 모든 것이 사람들의 손에 달려 있기 때문에요. 더 걷고 싶다고 더 먹고 싶다고 해서 더 할 수 있는 것은 아무 것도 없답니다. 동물원의 운영자나 관리자들에 의해 동물들의 삶이 결정될 뿐이지요.

이런 감금 상태에서 받는 스트레스는 동물들의 이상 행동을 유발합니다. 같은 행동을 계속 반복하거나 사육장 안을 왔다 갔다 하며 안절부절못하는 모습, 머리를 좌우로 흔드는 행동, 자해하는 행동들은 모두 자연스럽지 못한 환경에 갇힌 동물들의 비극이라고 할 수 있습니다.

혹자는 이런 의문도 가질 수 있습니다. '야생에 노출된 온갖 위험한 상황보다 안전하게 먹여 주고 재워 주고 하는 동물원이 더 낫지 않을까?'라고요. 그럼 저는 이렇게 대답할게요. 안전함이 필요하다면 여러분도 무균실이나 감옥에서 살아야 한다고요. 아무도 나를 해치지 않는 곳, 집값 밥값 안 내도 먹여 주고 재워 주는 곳, 이보다 더 좋은 곳이 어디 있나요?

그럼에도 제가 갖는 희망은 이것입니다. 당시 유럽 사회에 전시되었던 원주민들을 보며 사람들은 인간으로서 '동일시'하는 감정이 처음에는 없었습니다. 그렇게 어느 정도 시간이 흘렀지요. 가만 보니 그들도 우리와 다르지 않은 행태를 보인다는 것을 알게 됩니다. 다르지 않은 인간인데 저렇게 살아야 할 이유가 없다고 느끼게 된 것입니다. 우리가 현대의 동물원을 보면서 느끼는 감정도 점차 이런 식으로 변해가리라고 저는 생각합니다. 동물이 좋아서 동물 구경을 하는 것을 즐겼다고 하더라도 그들을 찬찬히 보면 결코 그곳에 있어야 할 이유가 없다는 것을 깨닫게 될 것입니다. 내가 좋아하고 사랑하는 대상이 있다면 그들이 행복했으면 하는 마음이 드는 게 당연하니까요. 그렇다면 우리가 사랑하는 동물이 행복한 세상은 어떤 곳인가요?

동물 쇼를 위한
길들이기

2002년 부모님과 태국 여행을 갔을 때였습니다. 부모님의 첫 해외 여행이어서 흔히 가는 패키지여행이 아니라 좀 더 자유로운 여행을 하고 싶어 제가 직접 가이드를 자처하고 나섰습니다. 왕궁이나 박물관, 시장들을 돌아다녔는데 제 방식대로만 다닐 수 없으니 어디를 가고 싶으신지, 무얼 보고 어떤 음식들을 드시고 싶은지 부모님께 여쭈었습니다. 하지만 아시는 게 없으니 텔레비전에서 보았던 기억을 더듬어 얘기 하시더군요. "태국 가면 코끼리도 타고 악어 쇼도 보고 호랑이랑 사진도 찍더라⋯."

현지에서 물어물어 그런 곳을 찾아갔습니다. 처음에는 코끼리를 만났습니다. 코끼리의 등 위에는 공원의 벤치처럼 잘 다듬어진 나무 의자가 놓여 있었고 의자 위로는 뜨거운 햇볕을 가려 주는 화려한 차

광막도 있었답니다. 육중한 몸집의 코끼리는 사람 두 명을 거뜬히 태우고도 조련사의 말을 고분고분 들으며 공원 여기저기 정해진 코스를 돌았지요.

이국적인 체험에 신기해하시는 부모님의 다음 코스는 악어 쇼를 하는 동물원이었습니다. 입 속으로 사람의 머리가 들어가도 가만히 입을 벌리고 있는 악어를 보면서, 악어는 본성을 잃었다기보다는 사람과 장난을 하며 그 상황을 즐기는 것처럼만 보였어요. 왜냐하면, 익살스러운 조련사의 동작들이 관람객의 웃음을 자아냈거든요. 악어가 악어 같지 않다는 게 부모님의 소감이었습니다.

제가 가장 잊을 수 없었던 것은 호랑이입니다. 멋진 털과 무늬를 가진 호랑이는 아무런 공격성도 없이 사람들과 사진을 찍고 있더군요. 그 옆에는 물론 조련사가 있었습니다. 호랑이는 본래 야생에 사는 맹수니까 만약의 사태를 대비하려고 그랬을까요? 하지만 호랑이는 이미 어떤 의지조차 갖지 않은 존재였습니다. 몸만 보면 동물의 제왕 같았지만, 간신히 숨만 쉬고 있는 거대한 인형이라고 하는 편이 더 정확할 것 같습니다. 왜냐하면, 호랑이는 다음 순서의 사람들이 오기 전에 기진맥진 잠시 쓰러져 버렸거든요. 거대한 몸집 뒤로 사람들이 사진을 찍으려고 포즈를 취하면 다시 조련사의 손이 호랑이의 고개를 올립니다. 눈은 카메라를 향해 있지만 공허하기 짝이 없지요. 사람들은 호랑이와 사진을 찍었다고 즐거워하지만, 제 눈에는 비정상적인 호랑이 인형밖에 보이지 않았습니다. 부모님마저도 "도저히 불쌍해서 사진은 못 찍겠다."고 하시며 순서를 포기했습니다.

그때 제가 있던 자리 옆으로는 철창 우리에 갇힌 작은 원숭이 한 마리가 있었는데 제가 손을 내밀자 그 손을 꼭 쥐고 놓아 주질 않더군요. 무서웠느냐고요? 아니요. 무엇인지 모를 안타까움에 가슴이 아팠습니다. 아무것도 할 수 없는 저에게 원숭이는 마지막 희망을 다 건 작은 아이처럼 그렇게 제 손을 잡고 있었답니다. 한참을 그렇게 있었습니다. 다음 여정을 위해 일어서며 손을 떼어 놓는 제 마음은 너무나 아팠습니다.

나중에 알게 된 사실이지만 사나운 동물들을 길들이려고 포악한 조련뿐만 아니라 약물에 취하게 하는 경우도 많답니다. 그 호랑이도 야생의 모습을 가릴 수 있게 진정제에 절어 비몽사몽 있었던 것인지도 모르겠습니다. 제가 나열한 이 상황들은 겉에서 관찰되는 모습일 뿐입니다. 한 번의 여행에서 만났던 몇 마리의 동물에 지나지 않는 이야기이기도 하고요. 과연 우리가 다 알지 못하는 세상의 무수한 동물 특히 사람들을 위해 쇼를 해야 하는 동물들은 어떤 과정들을 거쳐 그렇게 우스꽝스럽거나 온순한 인형이 되는 것일까요?

우리나라의 한 동물원 이야기입니다. 몇 해 전 인터넷에 공개된 영상에는 수족관의 조련사가 바다코끼리를 발로 차거나 밀고 학대 도구를 이용해 사정없이 때리는 모습이 고스란히 담겨 있었습니다. 잘 훈련된 동물로 비쳐야 하는데 말을 듣지 않으니 그런 식으로 다루었던 것이지요. 바다코끼리는 이미 무대에 오른 상황이었답니다. 사람

들이 동영상을 찍을 수도 있는데, 사람들이 보는 앞에서조차 무자비하게 다룬다면 무대 뒤의 모습은 안 봐도 훤하지요. 사실 동물 쇼를 위해 훈련하는 과정에서 동물에게 가하는 폭력이 우리 눈에 띄기는 쉽지 않습니다. 조련사나 훈련사 등 직업 관계자가 아닌 이상 어떻게 알 수 있겠습니까?

동물 쇼나 체험을 위해 야생 동물을 포획할 때는 더 잔인합니다. 그들은 사람 손에 길들이기 힘든 존재여서 사람들은 우선 지능으로 제압을 시작하거든요. 제가 태국에서 만났던 코끼리만 해도 그렇습니다. 사실 그 코끼리가 어디에서 왔는지는 알 수 없지만, 만약 야생에서 왔다면 필시 이런 과정을 거친다고 보면 됩니다. 야생에서 코끼리를 잡아 오면 먼저 깊은 구덩이에 빠뜨려 3일 밤낮을 때립니다. 땅위에서 사람들과 일대일로 대항한다면 그 거대한 몸을 어떻게 이길수 있겠어요? 그러고 나서 코끼리를 굴복시키려고 목과 사지를 밧줄로 묶어 놓고 물과 음식을 제한합니다. 최소한의 음식만 제공하며 본격적으로 훈련을 시작하지요. 훈련할 때는 대부분 쇠로 된 갈고리를 써서 코끼리의 입과 항문, 성기까지 찔러 고통을 줍니다. 관람객에게 보일 모습을 만들어 내고, 말을 듣지 않으면 가혹한 벌을 주는 셈이지요. 벌이라는 말도 과분할지도 모르겠습니다. 고통을 가하면서 코끼리를 순한 인형으로 만들어갑니다. 이런 과정을 거쳐 아무런 저항도 할 수 없는 상태가 되면 그때야 사람들 앞에 나가 공연도 하고 등에 사람을 태우고 다닐 수 있게 되는 것입니다.

우리는 그런 동물들과 함께한 시간을 즐거워합니다. 특히 동물을 좋아하는 사람들은 동물을 보는 것만으로도 행복해할 수 있지요. 쇼를 위해 어떤 훈련을 받으며 어떤 식으로 학대를 받는지 이면을 알지 못했을 때는 그럴 수도 있습니다.

여러분이 지금 막 알게 된 것처럼 사람들도 하나둘씩 이 문제에 눈을 뜨기 시작했습니다. 서울시는 2016년 10월 5일 지자체 중에서는 처음으로 관람·체험·공연 동물을 위한 복지 기준을 마련해 일종의 동물 권리 장전▪을 선포하기에 이르렀습니다. 서울대공원 등 소속 동물원부터 즉시 적용하기로 했는데, 동물원이나 수족관에서 사육되는 모든 동물이 누려야 할 최소한의 복지 수준을 제시하고 있답니다. 여기에는 동물이 인간과 공존하는 하나의 생명체로 존중받을 때 우리 사회의 생명 인식 수준도 높아진다는 기본 이념이 바탕이 되고

▪ 동물 복지를 위한 5원칙을 포함해서 동물의 복지와 관련된 법령 및 규정을 명시하고 있다. <제1조> 동물이 야생에서와같이 건강하고 자연스러운 행동을 자유롭게 발현할 수 있도록 충분한 공간을 제공한다. <제2조> 동물에게는 위생적이고 영양적으로 균형 잡힌 먹이가 충분히 제공되어야 한다. <제3조> 동물이 건강한 상태를 유지하도록 질병 예방과 적정한 치료를 제공하여 불필요한 고통을 받지 않도록 한다. <제4조> 동물 본연의 습성이 유지될 수 있도록 다양한 동물 복지 활동을 제공한다. <제5조> 교육은 생명 존중과 생태계 보전의 중요성이 담겨야 하며 교육적 목적이라도 그 과정에서 동물의 복지가 침해되어서는 안 된다. <제6조> 종 보전을 위해 동물의 전 생애를 체계적으로 기록하고 관리한다. <제7조> 동물의 거래는 합법적이고 윤리적이어야 하며 그 과정에서 동물 복지가 저하되어서는 안 된다. <제8조> 동물과 사육사, 관람객 안전을 위해 정기적으로 훈련하여 사고를 예방한다. <제9조> 동물의 복지 수준에 대해 검토하고 평가하기 위해 동물 복지 윤리위원회의 설치를 권장한다.
－서울특별시 홈페이지 www.seoul.go.kr

있습니다. 우리의 손에 길든 노예 같은 동물이 아니라 본연의 세계와 최대한 가깝게 살아가는 그들에게 생명에 대한 경외감을 배우는 소중한 시작이라고 여겨집니다.

돌고래
제돌이 이야기

동물 쇼 공연장에서도 가장 인기 있는 곳은 바로 돌고래를 볼 수 있는 공간입니다. 개나 고양이는 무서워하는 사람이 많지만, 왠지 돌고래는 착한 웃음을 띠는 것 같고 사람들을 전혀 공격할 것 같지 않으니까요. 그래서 여러분도 다 알고 있을 만한 돌고래계의 유명 인사인 남방 큰돌고래 제돌이 이야기를 해 볼까 합니다.

제돌이는 2009년에 제주 바다에서 포획되었습니다. 우연히 그물에 걸린 것인데 어민은 얼마의 돈을 받고 공연 업체에 팔아넘겼지요. 원래 그물에 걸린 돌고래를 발견하면 수산업법에 따라 즉시 바다에 방류하거나 경찰에 신고해야 합니다. 그런데 돌고래가 갇히면 풀어주기보다 그대로 내버려둬 죽게 하는 일도 종종 있었다고 해요. 풀어주려면 그물을 활짝 열어야 하는데 덩달아 다른 물고기들도 모두 놓치기 때문이지요. 또는 사람이 그물에 직접 들어가 내보내 줘야 하지만 시간과 비용이 들기 때문에 그냥 죽을 때까지 내버려두고 마는 것입니다. 안타깝게도 한 생명을 위해 번거로운 수고 따위는 하지 않겠다는 생각입니다.

어민에게 돌고래를 사들인 업체 또한 불법 포획 사실을 알면서도 쇼를 위한 훈련을 시작했습니다. 보통의 경우, 조련사들은 정해진 시간 안에 훈련을 마쳐야 해서 동물을 학대하지 않고서는 업무 달성을 하지 못하는 경우가 다반사지요. 때때로 돌고래들의 입을 밟아 살갗이 벗겨져 나가기도 해서 쓰라린 입은 음식을 먹을 수 없을 정도로 아플 것입니다. 사실은 그런 식으로 취급받는 한 생명은 몸보다 마음이 더 아프겠지만요. 그렇다고 너무 불쌍하게 여기면 안 됩니다. 훈련에는 아무런 도움도 되지 않을 테니까요. 밥도 못 먹을 정도로 몸과 마음이 다친 돌고래가 죽으면 안 되니 강제로 음식을 급여하는데 음식은 죽은 생선입니다. 바닷속을 헤엄치다가 살아 있는 작은 물고기나 오징어를 먹고사는 돌고래에게는, 싱싱하지 않은 죽은 생선을 먹어야 한다는 것은 여간 슬픈 일이 아닐 거예요. 게다가 극심한 스트레스로 위궤양에 걸린 돌고래들에게 매 끼니마다 위장약을 먹입니다. 이 약은 돌고래의 건강을 생각해서 주는 것이 아닙니다. 쇼를 보러 온 관람객들을 위해서 취해지는 처방이라는 것은 여러분도 잘 알 것입니다.

훈련을 거친 제돌이는 마지막으로 서울대공원으로 팔려가 쇼를 위해 살아가야 했습니다. 제돌이가 어떤 훈련을 받아야 했었는지 그 과정은 아무에게도 알려진 바가 없습니다. 다만 야생에서 자유로운 삶을 누리다가 원치 않게 잡혀 온 동물들이 겪는 훈련이 인위적이고 강제적일 수밖에 없는 것은 자명한 사실입니다. 그런 상황에서 동물들은 결코 행복할 수 없으며 심각한 경우에는 질병으로 비참하게 삶이 끝나 버리고 맙니다. 이는 쇼 동물 대부분에게 해당한다는 사실을 간과해서는 안 될 것입니다.

2011년 해양 경찰청이 이런 불법 거래들을 파악했고 2012년 제주 지방 법원은 제돌이를 포함, 불법 포획된 돌고래를 모두 몰수하기로 했습니다. 박원순 서울시장은 재판 결과가 나오기 전에 서울대공원의 제돌이를 방류하겠다고 발표했고 시민 단체와 학계 등이 참여한 위원회가 방류를 준비했습니다. 외국에서는 이미 쇼에 동원됐던 돌고래 야생 방류가 활발하게 진행되어서 어쩌면 당연하게 보였을 수도 있지만, 우리나라에서는 전례가 없었던 결정이었습니다. 그래서 2013년 4월, 제돌이, 삼팔이, 춘삼이가 제주 바다로 공수되어 수조가 아닌 가두리 영역 안에서나마 바다의 수온, 먹이 사냥 등에 직접 적응하며 바다로 돌아갈 준비를 하게 되었습니다. 그 와중에 삼팔이는 가두리를 뛰어넘어 먼저 탈출을 해 버렸고 제돌이와 춘삼이는 그해 7월 13일 공식 방류 일정이 잡혔습니다.

언론의 조명을 받자 제돌이의 방류는 아주 큰 행사가 되었지요. 오죽하면 그 당시 저는 제돌이와 다른 돌고래들 꿈까지 꾸었겠어요. 몇

날 며칠을 돌고래들이 제 꿈속에 찾아와 파란 바닷속에서 자유롭게 헤엄치는 모습을 보여 주었답니다. 드디어 제돌이와 춘삼이가 방류되던 날, 사람들은 환호하며 돌고래들의 행복한 미래를 함께 기원해 주었습니다.

그 무렵, 방류를 반대하던 사람도 많았습니다. 수조에서 적응해 살던 돌고래들이 다시 바다로 나가면 이미 야생성을 잃었기 때문에 적응하지 못하고 얼마 못 가 죽을 거라고 했지요. 또는 다른 야생의 무리와 어울리지 못할 거라는 추측도 나왔습니다. 당연히 제돌이를 생각하면 상당히 우려되는 부분이었습니다. 제돌이를 비롯한 방류된 돌고래들에게 인식표를 해 놔서 이후의 생활을 살필 수 있었는데 사람들의 우려와는 반대로 훨씬 잘 지내고 있었답니다. 먹이를 스스로 해결하는 것도, 다른 친구들 무리에서 함께 살아가는 것도 아무런 문제가 없었지요. 성격이 급해 먼저 탈출했던 삼팔이 역시 무리에 합류된 사실이 확인되었습니다. 정말 다행이죠? 이후 2015년에 방류한 다른 돌고래 태산이와 복순이도 야생 무리에 무사히 합류한 모습을 포착할 수 있었답니다.

돌고래는 초음파로 신호를 보내고 서로 대화를 하는 것으로 알려져 있습니다. 그런 돌고래들에게, 쇼장에서 사람들이 환호하는 소리는 어마어마한 스트레스가 아닐 수 없지요. 심하면 청각장애까지 생기게 됩니다. 최근에는 돌고래들도 인간처럼 문장으로 대화를 나눈다는 사실이 밝혀졌지요. 게다가 대화 중간에는 다른 돌고래의 말을 끊지 않고 다 들어 주는 예의까지 갖췄다고 합니다. 저만 해도 상대방이 맘에 들지 않는 소리를 하면 그만하라고 말을 끊어 버리는데 돌고래는 인간인 저보다 훨씬 매너 있는 동물이지요? 이는 최근에 러시아 과학자들이 밝혀낸 사실인데 동물들의 목소리를 구분할 수 있는 수중 마이크로폰을 개발했고 그것을 통해 흑해큰돌고래 두 마리가 나눈 이야기를 기록했다고 하는군요. 인간은 이제 돌고래 등의 동물과 언어의 장벽을 뛰어넘어 대화를 나눌 수 있는 단계로 곧 나아갈지도 모르겠습니다.

돌고래 중에서 가장 작은 무리로 기록되는 남방큰돌고래는 기껏해야 100마리 정도 선에서 개체 수가 크게 늘지 않고 있습니다. 지금은 제돌이 덕분인지 사람들의 의식도 많이 변해 불법 포획 등은 없어졌다고 합니다. 하지만 여전히 쇼는 남아 있습니다. 요즘은 생태 설명회라는 말로 바꾸어 진행하고 있기는 해도 인위적인 훈련을 해서 쇼를 시키는 것은 예전과 다르지 않습니다.

아이들은 특히 돌고래 쇼를 아주 좋아합니다. 그것은 동물에 대한 인간 본성과 순수한 동심에서 표현되는 환호이지만 결국은 이 아이들도 자라서 동물 쇼의 배경을 알고 나면 마음이 매우 아프겠지요. 아이가 당장 좋아하니 부모들도 덩달아 행복하지만, 동물 학대와 깊은 연결 고리를 맺고 있는 쇼라는 것을 알면 불쌍하고 측은한 마음이 든다고도 말합니다. 가장 좋은 것은 동물 쇼 자체가 알아서 없어지는 것이겠지만 여러분이 계속 동물원의 돌고래 쇼에 환호하는 이상 즐겁게 포장된 쇼는 절대 사라지지 않을 것입니다.

당시, 제돌이 돌려 보내기 프로젝트를 진행한 국립 생태원장 최재천 선생은 방류 직전 인사말에서 이렇게 말했습니다.

"오늘로 우리는 인간과 자연의 갑을 관계를 재정립하게 되었습니다."

유희의 제물,
피의 축제

　동물원이라는 제한적인 공간에 전시되는 동물들의 생존 목적은 크게 두 가지로 나눠 볼 수 있습니다. 첫 번째는 동물원에서 광고하는 생태 체험 즉 '교육'의 목적이고 두 번째는 좀 더 솔직히 표현하자면 '오락'이 그것입니다. 오락이라고 해서 아무 생각 없이 희희낙락하고 마는 것은 아니지만 어떻든 동물원이라는 곳은 행복한 데이트나 가족 나들이를 가는 곳으로 비치는 곳이지요. 자연과 너무 멀리 사는 우리에게는 인위적으로 조성해 놓은 공원이나 수목원, 동물원 등이 아주 특별한 공간이 되어 버렸습니다. 자연은 우리에게서 너무 멀어져 그리운 대상이 되어 버려서 일까요? 아니면 인간에게는 자연과 함께하려는 순수한 본성이 있어서 그런 걸까요? 인간도 자연의 일부일진대 돈을 내고 인공 자연을 소비한다는 것은 아이러니합니다.

동물원에 대한 비약이 너무 심하다고 느낄런지 몰라도 그런 목적으로 이용되는 세계가 또 있습니다. 동물원보다도 훨씬 적나라한 잔인함이 만연한 곳이지요. 이 곳의 동물들은 대부분 '축제'라는 이름으로 팔리고 있습니다.

바로 앞에서 돌고래 이야기를 다루었는데 가장 먼저 떠오르는 것이 우리나라의 '고래 축제'입니다. 그렇다고 고래를 위한 축제는 아닙니다. 고래잡이를 보여 주고 고래 고기를 즐기자는 취지지요. 여기에는 모두 밍크고래가 쓰이는데 관광객들은 고기를 먹으러 오는 경우가 대부분입니다. 이 기간에는 특히 고래 고기의 수요가 많기 때문에 고래를 불법 포획하는 일당이 많이 검거되는 것이 현실입니다. 고래 고기는 워낙에 비싼 값에 팔려서 돈을 벌고 싶은 이들의 불법 포경이 끊이지 않고 있는 것입니다.

가까운 일본은 특히 고래잡이로 악명이 높습니다. 고래를 잡아 해체해 보면 고래가 어떤 먹이를 얼마나 먹는지 알 수 있다면서 생태 연구 목적을 표방하며, 최근 12년 동안 4천 마리가량의 밍크고래를 살육했습니다. 궁색한 변명이고 식용 목적이라는 것은 너무나 자명합니다. 국제 사법 재판소는 일본이 고래잡이를 중단해야 한다고 판결했고, 호주 등 국제 사회도 지속해서 압력을 넣고 있음에도 불구하고 일본은 포기하지 않고 고래를 잡으러 계속 출항하고 있습니다. 보다 못한 해양 생물 보호 국제 환경 단체 시 셰퍼드Sea Shepherd■는 일본의 포경선 활동을 적극적으로 방해하는 해적 역할을 하기에 이르렀습니다.

고래 축제는 우리나라의 일부 지역에 해당하는 사안이지만, 대한
민국 향토 문화를 표방하는 '소싸움 축제'는 전국 각지에 퍼져 있습
니다. 이 중 가장 대규모로 열리는 '청도 소싸움 축제'는 우리나라의
10대 지역 문화 관광 축제 중 하나로 선정되기도 했지요. 보통 축제
장에 가면 주요 주제 말고도 떠들썩한 분위기와 다양한 오락거리를
제공하기 때문에 혼이 쏙 빠지는 경험을 하게 됩니다. 소싸움을 보면
서 많은 사람이 잔인하다고 느끼지만 다른 부대 행사 등에 그 느낌이
희석되고 마는 것입니다.

싸움은 말리고 흥정은 붙이라지만, 사람들은 보통 남들이 싸움하
는 장면을 은근히 즐기기도 하지요. 그리고 소싸움 축제가 여전히 살
아남을 수 있는 것은, 우리의 고유한 전통이기도 하고 다른 동물 싸
움과 비교해 잔인하지 않다는 논리로 축제 본부나 지자체 등에서 정
부를 설득하기 때문이랍니다. 그렇다면 축제라는 이름도 갖지 못할
정도로 잔인한 동물 학대와 불법 도박 현장이 또 있다는 사실을 무심
결에 시사하고 있다는 것도 놓칠 수 없겠지요.

■ 1977년 설립된 시 세퍼드는 조사 및 보고서를 내는 일뿐 아니라 환경 지킴이 '해적'을 자칭하며
불법 조업 등을 직접 저지하는 행동주의 단체다. 과격한 대응도 서슴지 않는 시 세퍼드는 일본
포경선과 수차례 물리적 충돌을 빚었다. 국제 포경위원회(IWC)는 1986년 상업적 포경을
금지했지만, 일본은 연구를 목적으로 제한적으로 허용되는 점을 이용해 '조사 포경'을 계속하고
있다. 그러나 일본의 '조사 포경'은 고래 고기를 얻기 위한 핑계일 뿐이라는 비난이 끊이지 않고
있다.
- 〈일본 포경선 잡는 '오션 워리어' 뜬다〉, 경향신문, 2016. 8. 31.

그렇더라도 소싸움이 동물 학대라는 비난을 피해갈 수 있는 것은 아닙니다. 1천 킬로그램 가까이 되는 황소들이 머리를 서로 짓이기다가 피를 흘리는 모습은 관광객들의 눈으로도 똑똑히 볼 수 있는 장면이니까요. 상대 소의 목을 찔러 피가 나면 대동한 수의사가 바로 꿰매기도 합니다.

축제장의 황소들은 왜 싸우게 되었을까요? 그야 소의 주인들이 원해서입니다. 싸움의 승리에서 오는 쾌감, 상금을 받는 기분 또한 말할 수 없이 좋을 테지요. 이 싸움을 위해서 피나는 훈련도 시키는데 소들에게 타이어를 끌게 하거나 모래밭 달리기를 시키거나 산에 오르게 하는 등 올림픽 국가대표 선수들이 할 만한 지옥 훈련을 거칩니다. 십전대보탕이라는 보약까지 해 먹이고 힘이 불끈 솟게 한다고 낙지를 먹이기도 한답니다. 여러분은 어떨지 모르겠지만, 풀을 먹고사는 소들에게 낙지는 매우 이질적인 음식입니다.

경기가 끝나고 나면 승리를 하든 패배하든 상처를 입는 쪽은 인간이 아닌 동물입니다. 축제가 끝나고 트럭에 실려 집으로 돌아가는 소의 뒷모습은 쓸쓸하기 짝이 없습니다.

그나마 소싸움 축제는 양반급에 속할지도 모르겠습니다. 스페인의 '투우'에 비하면 말이지요. 스페인과 남아메리카 쪽에서 오랜 역사를 자랑하는 축제인데, 로마 시대에 사람과 맹수가 싸우는 것을 오락으로 관람하던 것에서 유래했다는 설도 있습니다.

강렬한 남자의 상징으로 치장된 투우사가 등장해 장내 행진을 먼

저 시작하지요. 투우사와 싸워야 하는 소가 등장하면서 관중의 환호
가 터집니다. 투우사는 붉은 천을 흔들어대며 소를 흥분시키는데, 지
쳐가는 황소를 조롱하는 능숙한 손놀림에 관중은 더 환호합니다. 전
통적인 투우 경기에는 각자의 역할을 담당하는 여러 투우사가 등장
합니다. 이런 투우사들을 거쳐 내며 소가 잘 버텨 주기를 기도하는
관중은 아마 없을 것입니다.

　결국, 소의 거대한 몸집이 단칼에 제압되는 순간 사람들의 환호는
절정에 달합니다. 그렇지만 소가 단칼에 죽는 일은 거의 없습니다.

보통은 서너 번씩 폐와 심장에 칼이 파고들어 칼이 꽂힌 채 고통스럽게 장내를 뛰기도 하지만 결국 소는 피를 흘리며 쓰러지고 맙니다. 이렇게 되면 공식적인 경기가 종료되는데 소의 의식은 여전히 살아 있어 거친 숨을 몰아쉬며 고통스러워합니다. 이제는 죽고 싶어도 마음대로 죽을 수 없는 상황에서 소의 마지막 호흡은 당나귀에 묶여 경기장을 끌려다니다 끝나게 됩니다. 이미 피를 보고 흥분한 관중들은 죽음으로 쓰러진 소를 향해 쓰레기까지 던지며 소리를 지릅니다. 패배자에게 보내는 야유입니다. 어떤 사람은 경기장에서 장엄함을 느꼈다고도 하더군요. 축제를 가장한 살육에 지나지 않는 이런 풍경 어디에서 사람들은 감동하게 될까요? 과연 가슴이 따뜻해지거나 생명에 대한 아름다운 경외감과 같은 종류의 감동일까요?

경기를 지켜보면 소는 마치 화가 나 코에서 김을 뿜어대는 야수처럼 보이지만 실상은 그게 아니랍니다.■ 역시 우리가 알지 못하는 이면에는 생명으로서의 기본 권리는 깡그리 무시되고 있습니다. 그런 과정을 거쳐 고통을 겪다 죽어 간 소는 인근 레스토랑에 비싼 가격으로 팔리게 되고, 잔인함에 환호하는 축제는 비로소 끝이 납니다.

■ 소들은 경기에 출전하기 전 깜깜한 상자 속에 하루에서 이틀을 꼼짝할 수 없도록 가두어
둔다. 잘 듣지 못하도록 귀를 젖은 신문지로 틀어막거나, 시야를 흐리게 하려고 눈에 바셀린을
바르기도 한다. 호흡을 방해하기 위해 콧구멍을 솜으로 틀어막고 심지어는 잘 움직일 수 없도록
민감한 생식기에 잘 안 보이게 바늘을 꽂기도 한다. 소의 성향이나 상태에 따라 흥분제나
진정제를 투여하기도 하고 싸움 중에 중심을 잘 잡을 수 없도록 부식성 용액을 다리에 발라 놓는
경우도 있다. 어떤 소들은 경기 전의 고문을 감당하지 못해 경기장에 들어가자마자 쓰러지기도
한다.
— 〈피의 스포츠 투우〉, 월간비건, 2015년 8월호.

4 야생동물

한 아이에게 벌레를 밟지 말라고 가르치는 것은

벌레를 위한 것만큼이나

그 아이를 위해서도 소중한 가르침이다.

– 브래들리 밀러

사라져 가는
동물들

사실 앞 장에서 다룬 동물원의 동물은 이곳 야생 동물 페이지로 와야 맞을 것입니다. 그러나 코끼리나 북극곰처럼 우리 주변에서는 보기 힘든 동물을 데려다 놓은 곳이 바로 동물원이어서 그들의 처지를 야생 동물로 부를 수는 없었지요. 서식지는 북극이라고 하는데 북극 땅에는 발 한 번 디뎌 본 적도 없는 북극곰이 정말 북극곰이 맞을까요? 언젠가 동물원의 철창이 열리게 되면 진정 야생 동물로서의 이름을 다시 찾을 날이 올지도 모르겠지만요.

여러분도 잘 아는 동물 중에 이미 우리나라에서는 멸종되어 버린 동물이 있습니다. 바로 호랑이입니다. 한반도에서는 1921년에 경주 대덕산에서 마지막으로 잡혔고 1996년에 환경부가 공식적으로 멸종을 발표했습니다. 지금은 세계적으로도 멸종 위기종으로 분류되는 호랑이의 개체 수는 무려 95퍼센트가 감소해 버렸습니다. 아마도 여러분이 성인이 되어 아들딸을 낳는다면 멸종 동물 책에서나 호랑이 그림을 보며 얼굴이며 줄무늬며 신기하게 생겼다고 할지도 모르겠네요.

중국에서는 야심차게 호랑이를 보호하겠다며 농장을 만들기 시작했습니다. 그전에는 중국 사람들이 호랑이를 밀렵해서 가죽과 뼈와 고기, 수염 하나까지 아낌없이 이용하는 바람에 국제 사회로부터 압력을 받았거든요. 중국 정부는 그래서 호랑이를 공원이라는 이름의 농장에서 보호하며 개체 수를 늘리겠다는 포부를 밝혔지만, 야생으로 돌아간 호랑이는 단 한 마리도 없습니다. 그저 번식되었다가 죽으면 또 다양한 형태로 이용되고 마는 것입니다. 호랑이 공원을 빙자한 공장식 축사에 사는 호랑이는 전 세계의 야생 호랑이를 합친 것보다 많은 수라고 합니다. 이것은 무슨 의미가 있을까요? 지구 전체 생태계에 대한 책임 의식을 갖지 않는 이상, 호랑이를 농장에서 태어나서 죽게 하는 것이 전부인 의미 없는 보호 활동을 말해 주는 것이 아닐까요?

우리나라의 야생에서는 더는 호랑이를 볼 수가 없듯이 표범과 늑대도 마찬가지입니다. 저는 개인적으로 호랑이와 표범, 늑대와 여우 등의 동물을 아주 좋아해서 멸종되었거나 멸종 위기종이라는 사실이 안타깝기 짝이 없습니다. 지금 이 순간도 한반도를 포함한 전 세계에서는 계속 동식물이 멸종하고 있다는 사실, 여러분도 잘 알 것이라 생각합니다.

우리나라의 멸종 위기 야생 동물■ 중 포유류만 보더라도 대륙사
슴, 반달가슴곰, 붉은 박쥐, 사향노루, 산양, 수달, 스라소니, 여우 등
이 있습니다. 위기 상황에 놓였다가 점차 복원 기미를 보이는 동물
중에는 반달가슴곰이 있어요. 1983년 이후로 17년 동안 사람들에게
목격된 적이 없어 멸종으로 여겼었는데 2000년과 2002년에 지리산
에서 이들의 모습이 포착된 것이지요. 더 늦기 전에 반달가슴곰을 되
살려야 한다는 주장이 커지면서 2004년에 복원 사업이 시작되었습
니다. 지리산에서 발견된 소수의 곰에게 출산 장려를 할 수 없으니
우리 정부는 러시아에서 새끼 반달가슴곰 여섯 마리를 데려와 지리
산에 방사했답니다. 이후 북한과 중국 등지에서도 데리고 와 방사를
했고 현재 지리산 국립공원에는 총 40여 마리의 반달가슴곰이 살고
있습니다.

지리산의 등산객들은 심심치 않게 반달가슴곰과 마주하는데, 이때
플래시를 터뜨리거나 음식물을 주는 행위로 스스로 위험에 노출되고
있지요. 야생 동물은 사람의 손에 길든 개체가 아니므로 위험하다는

■ 멸종 위기 야생 생물이라 함은 다음 각 목의 1에 해당하는 동·식물종을 말한다. 멸종 위기 야생
생물1급 : 자연적 또는 인위적 위협 요인으로 개체 수가 현저하게 감소하여 멸종 위기에 처한
야생 생물로서 관계 중앙 행정 기관의 장과 협의하여 환경부령이 정하는 종. 멸종 위기 야생
생물2급 : 자연적 또는 인위적 위협 요인으로 개체 수가 현저하게 감소하고 있어 현재의 위협
요인이 제거되거나 완화되지 아니할 경우 가까운 장래에 멸종 위기에 처할 우려가 있는 야생
생물로서 관계 중앙 행정 기관의 장과 협의하여 환경부령이 정하는 종.
- 환경부 국립 생물 자원관 www.nibr.go.kr

것을 알아야 합니다. 여러분이 동물원에서 마주쳤던 무기력한 동물이나 애완동물로 여기다 보면 위험한 상황을 자초할 뿐만 아니라 동물들도 야생성을 잃을 수 있어서 특별히 조심해야 한답니다.

한편 이렇게까지 해서 야생 동물을 많이 번식시키는 것이 과연 사람들에게 무슨 이득이냐고 말하는 사람도 있습니다. 그러나 생태계 전체를 보자면 이는 너무나도 당연한 일입니다. 곰이 사람들에게 위협적일 수도 있다는 사실을 모르는 학자는 없지요. 그럼에도 한 개체가 멸종되도록 내버려 둔다는 것은 인류 전체에도 끔찍한 재앙일 수 있기 때문이랍니다.

반달가슴곰 복원 사업이 한창이었던 2005년에는 '장강21호'라는 이름의 반달가슴곰이 인근 농민이 쳐 놓은 올무에 걸려 희생당한 사건이 있었습니다. 한쪽에서는 다양한 생명 종을 살리려고 노력하는데 이에 무관심한 사람들은 야생 동물을 불법 포획해 유통하거나 건강에 좋다고 생각해 먹는 풍습이 아직도 남아 있지요. 그것은 반달가슴곰만의 얘기가 아니랍니다.

덫과 밀렵에
희생당하다

지리산국립공원 등 자연환경 복원으로 관심을 받는 곳은 또 그만큼 불법 포획 행위가 끊이지 않기도 합니다. 왜냐하면, 귀하신 몸 야생 동물들이 비교적 많기 때문이지요. 귀하신 몸이라고 표현을 한 이유는 포획자가 이를 유통할 때 비싼 값에 팔 수 있고 소비 목적으로 직접 주문을 해 오는 사람들도 있어서입니다.

현행 법률에 따르면 야생 동물을 포획하거나 포획하기 위해 폭발물, 덫, 창애, 올무, 그물 등을 설치 또는 사용하는 경우 최고 5년 이하의 징역 또는 5백만 원 이상 3천만 원 이하의 벌금을 물릴 수 있습니다. 그러나 법이 있어도 단속을 요리조리 피해가며 특히 겨울철 야산을 노리는 사람이 많습니다. 겨울이면 동면을 앞둔 오소리, 뱀 등의 불법 포획이 많은데 겨울잠을 자는 동안 먹지도 않고 살 수 있다는 이유로 이런 야생 동물이 몸에 좋다는 잘못된 믿음이 있거든요. 게다가 먹을 것을 찾아 낮은 곳으로 내려오는 동물들이 많은 점을 이용합니다. 겨울에는 동물들의 몸이 둔해져 쉽게 잡을 수 있기 때문입니다.

야생 동물이 이동하는 모든 통로마다 올무와 덫을 설치해 두는 판에 겨울 산은 올무 산이 되는 풍경이 매해 반복되고 있습니다. 단속반이 거둬들일 때 많으면 한 시간에 1백 개까지 찾아내기도 한다고 해요. 덫과 올무를 설치하는 사람들은 유해 동물을 잡기 위해서라고 하지만 어떻게 특정 동물만 덫에 걸릴 수 있겠습니까? 삵, 담비 등 덫이나 올무에 걸려 사실상 멸종 위기 종으로 분류해 놓은 동물들까지 무방비 상태로 희생당하고 있는 실정입니다. 특정 시기에는 농사 등에 피해를 주는 유해 동물에 대한 사냥이 허용되기도 하지만 총으로 밀렵하는 것과는 달리 덫과 올무는 설치한 사람을 추적해 낸다는 것이 사실상 불가능해 실질적인 처벌이 거의 이루어지지 못하는 것도 큰 문제입니다.

사실 유해 동물이라고 하는 건 우리 인간들이 만든 단어가 아닐까요? 내 땅에 내가 농사지은 걸 망쳐 놓으니 속상해서 그렇지 동물의 눈으로 보자면 만물이 살아가는 땅 위에 자라고 있는 식량일 뿐이랍니다. 대자연의 측면에서 보면 땅을 소유한다는 것부터 말이 안 되는 노릇이지요. 그나마 남아 있는 야생 동물에게 생태 환경이 그리 녹록지 않게 변해 버린 것은 자연의 섭리에 맞게 욕심부리지 않으며 먹고

사는 생태계에서 우리 인간이 너무 멀리 벗어나 이런 문제들이 생긴 것은 아닌가 생각해 봐야 할 것 같습니다.

사람들의 농사에 직접적인 해를 끼친다는 유해 동물 중 먼저 멧돼지에 관해 얘기해 볼까요? 멧돼지가 사람들이 많은 도심에까지 나타나게 되면 사람들은 극도로 공포에 휩싸이게 됩니다. 교통 상황도 뒤죽박죽되고 상가 등의 건물 피해와 인명 피해의 우려도 있습니다. 신고를 받고 출동한 경찰과 사냥꾼 등이 멧돼지를 쫓다가 사살하면 사람들은 그제야 안도의 한숨을 내쉽니다. 저는 멧돼지 출몰로 발생하는 혼란을 찬성하는 사람은 아니지만 이런 뉴스를 접할 때마다 씁쓸한 마음이 드는 건 어쩔 수 없습니다. 저도 아마 멧돼지가 달려오는 걸 보면 너무 무서워 소리를 지를지도 모릅니다. 하지만 멧돼지의 실제 성격은 우리가 생각하는 것과 정반대라고 하는군요. 멧돼지는 겁이 많은 동물인데 복잡한 도심에서는 궁지에 몰려 있다고 생각하기 때문에 방어 차원에서 사람을 공격한다고 합니다.

멧돼지를 나쁜 존재로만 몰아세우기에는 우리가 잘못한 일이 너무나도 많답니다. 이미 우리 인간이 야생 동물에게 극도로 공격적인 존재가 되어 버리지 않았나요? 동물들의 공포에 대해서 우리는 어떤 책임을 질 수 있을까요? 내가 무섭고 싫으면 죽여도 되는 존재가 '동물'일까요? 동물들이 무섭고 싫으면 죽여도 되는 존재가 '인간'이어서는 안 될까요? 극단적인 질문이긴 했지만, 우리는 거대한 자연 안에서 공존해 왔던 역사가 있고, 좋으나 싫으나 지구의 품에 안긴 생명이라는 점을 겸허히 받아들인다면 최소한 우리가 할 수 있는 아름다운 일들은 산적해 있다고 보아도 좋을 것입니다.

제가 지금 사는 지역은 사방이 산으로 둘러싸인 분지인 데다 집의 바로 앞도 산이랍니다. 주위에서 많이 보는 동물은 멧돼지보다는 고라니 쪽입니다. 고라니 역시 우리나라에서는 유해 동물로 분류되어 있습니다. 그런데 고라니가 세계적으로 멸종 위기종이라는 사실을 알고 있나요? 안타깝게도 고라니는 로드킬road kill 당하는 경우가 아주 많습니다. 제가 운전하면서 본 것만 해도 수차례는 되니까요. 도로에서 아슬아슬 차들을 피하다가 산으로 도망가는 고라니도 보았고, 산책 길에서는 제 바로 앞에서 어슬렁거리다가 산으로 들어가기도 하더군요.

한 번은 밤길에 운전하고 집에 돌아가는데 길 한가운데에 고라니가 앉아 있는 걸 보았어요. 고개는 들고 있더군요. 저는 처음에 왜 저렇게 능청맞게 도로 한가운데에 앉아 있나 생각을 했습니다. 위험하니 경적을 울려 주며 얼른 산으로 들어가라고 신호를 보냈습니다. 그런데도 움직이지 않고 그 옆을 지나는 저를 바라보았습니다. 그 고라니 눈빛을 스치는 순간, 이미 자동차에 치여 쓰러져 있었다는 것을 알았습니다. 움직일 수가 없어 그렇게 주저앉아 있었던 겁니다. 저는 심하게 갈등했습니다. 다시 차를 돌려 고라니를 병원으로 옮겨야 하나 말아야 하나, 저 큰 덩치를 어떻게 차에 실어야 하나, 이 밤중에 어느 병원으로 가야 하나, 온통 머릿속은 정리가 안 되는 생각들로 얽히고설켜 정신을 차릴 수가 없었습니다. 그새 차는 고라니에게서 한참을 멀어져 더는 어떻게 해 보지도 못하고 집에 도착하고 말았답니다. 생전 처음 겪는 일이라 너무 혼란스러웠던 것도 있지만 어떻게 생각만 하다 집까지 도착하고 말았는지 제가 너무 한심했습니다. 제가 두고두고 후회하는 일 중 하나입니다.

다음 날 다시 그 길로 출근하는데 그 자리에는 너무나 선명한 핏자국만 남아 있더군요. 아마도 두세 번은 더 차에 치였던 모양입니다. 제가 어떤 조치만 취했더라도 다음 사고는 나지 않았을 거란 생각이 들었습니다. 고라니가 필사적으로 고개를 들어 제게 도움을 요청했다고 생각하니 마음이 너무나 아프고 미안했습니다. 그래서 저는 다짐했습니다. 앞으로는 길에서 위험에 처한 동물을 만난다면 절대 그냥 지나치지 않으리라고 말입니다.

로드킬,
누구의 책임인가?

한국도로공사가 발표한 자료에 의하면 2015년 한 해 로드킬 사고 동물 2,545마리 중 90퍼센트 가까이가 고라니라고 합니다.▪ 대략 2천3백 마리의 고라니가 1년 동안 도로 위에서 희생되었다는 계산이 나오지요. 하루에 여섯 마리 이상인 셈입니다. 그것도 고속도로 등

▪ 2015년 한 해에만 2,545마리의 동물이 고속도로 위에서 차에 치여 죽은 것으로 나타났다. 사고가 가장 빈발한 곳은 태백산맥을 달리는 '중앙선'과 수도권에서 충청권으로 내려오는 '당진~대전선'이었는데, 야생 동물 유도 울타리와 생태 통로가 설치된 고속도로는 확연히 교통사고가 드물게 일어났다. 국회 국토교통위원회 소속 더불어 민주당 이원욱 의원이 한국도로공사에서 받아 14일 공개한 자료를 보면 지난 2011년부터 2015년까지 모두 11,439마리의 야생 동물이 고속도로에서 교통사고로 죽었다. 연도별로는 2011년 2,307마리, 2012년 2,360마리, 2013년 2,188마리, 2014년 2,039마리에 이어 2015년 2,545마리가 죽었다. 동물 종류별로 보면 이 기간 고라니가 9,975마리, 너구리가 780마리, 멧돼지가 286마리, 오소리가 108마리 죽었다.
    - 〈매년 야생 동물 2천 마리 도로 위 죽음… 중앙선 로드킬 최다〉, 연합뉴스, 2016. 9. 14.

신고된 지역에서의 숫자일 뿐이고 제가 보았던 마을 도로에서는 그 지역 주민들이 식용으로 처리해 버리는 경우가 많은 것을 감안하면 차에 치여 죽은 고라니의 수는 훨씬 더 많을 것으로 추정됩니다.

고라니는 사슴과의 동물이라 언뜻 보면 정말 예쁜 노루나 사슴 한 마리를 보는 것처럼 신비로운 느낌이 듭니다. 그런 동물이 차에 치여 쓰러져 있는 모습을 보게 되는 것도 정말 가슴 아픈 일입니다. 그래서 저는 운전을 하더라도 로드킬 위험이 큰 곳에서는 일부러 속도를 많이 줄이게 됩니다.

지구라는 한정된 땅에 도시와 도로 개발이 빠르게 진행되고, 달리는 자동차 수는 늘어가고, 반면에 이러한 개발로 서식지를 잃은 동물들은 생태계의 변화로 먹을 것마저 줄어들어 도심이나 도로 위로 나오게 되는 것입니다. 특히 우리나라는 도로공사를 아주 많이 합니다. 조금만 나가 봐도 지방도, 국도, 고속도로 할 것 없이 공사 안 하는 도로가 없을 정도지요. 이런 상황에서 로드킬은 운전자나 동물 양쪽 모두에게 아주 위험한 상황이 아닐 수 없습니다.

고라니는 덩치가 작지 않은 동물이라 로드킬 당한 후에도 신고가 많이 들어가는 반면 강아지나 고양이, 그 외에 작은 야생 동물들은 쌩쌩 달리는 차들에 몇 번이고 짓이겨져 흔적도 없이 사라져 버리는 경우가 많습니다.

세계에서 도로 비율 1위인 우리나라에서 로드킬을 완전히 막기란 교통사고율 0퍼센트 달성보다 더 어려운 일입니다. 근본적인 문제

는 역시 생태계의 훼손입니다. 도로를 만들기 위해서 산을 깎고 터널을 만들다 보면 산림과 녹지가 사라지게 됩니다. 관광 인프라를 위한 마구잡이식 케이블카 설치도 마찬가지입니다. 우리에게 집이 있다면 산과 들은 야생 동물의 터전이 되는 곳이지요. 그런데 여러분의 집이 하루아침에 무너지게 된다면 어디로 가게 될까요? 비참한 상상이지만 가족끼리 다른 안전한 곳으로 우선 피신을 할 수밖에 없을 거예요. 동물들은 인위적인 파괴에 떠밀리면서 도로를 건너다 변을 당하게 되는 것이랍니다. 그래서 고속도로를 달리다 보면 가끔 생태 이동 통로라는 육교 비슷한 것을 볼 수 있는데 도로 개발로 조각난 땅의 두 곳을 생태 다리가 이어주는 것입니다. 문제는 어떻게 동물들에게, 우리가 만든 그 다리를 적극적으로 이용하라고 홍보를 하겠느냐는 것이지요. 게다가 생태 다리는 아직 턱없이 부족한 실정입니다.

비슷한 예로 밀렵 행위 또한 동물들을 로드킬에 노출되도록 합니다. 밀렵으로 가족을 잃은 동물들도 원래의 서식지를 포기하고 다른 곳으로 이동하게 되거든요. 위험한 장소라는 판단이 들기 때문입니다. 또 야생 동물의 먹이가 되는 도토리 등을 무분별하게 채취하다 보면 먹을 게 없어진 동물들이 다른 먹이를 찾아 헤매게 됩니다. 그렇다고 동물들이 농사를 지을 수 있는 것도 아니어서 겨우내 목숨을 지탱해 줄 유일한 식량을 누군가에게 몰수당했다면 정말 처참한 기분이 들 것입니다. 여러분이 동물이라면 그렇지 않을까요?

몰랐을 때는 별생각 없이 좋아했던 도토리묵도 이제는 귀여운 다람쥐의 식량을 빼앗아 만들었을지도 모른다는 생각에 조금 미안한 마음이 들기도 합니다. 숲길을 걷다 보면 먹을 것도 아니면서 올망졸망 귀엽다고 떨어진 도토리를 주워 오는 사람도 많지만, 배고픈 야생 동물을 생각한다면 그냥 남겨 두고 오는 매너도 필요할 것입니다.

라쿤이
야상 점퍼 이름?

언젠가부터 여러분에게 아주 인기 있는 옷이 되어 버린 라쿤 야상! 풍성하고 복슬복슬한 털모자가 달린 야상 점퍼는 머스트 해브 아이템must have item이라며 광고도 떠들썩합니다. 이걸 갖지 않으면 시대에 뒤떨어졌거나 패션 감각이 없는 사람으로 취급되기 딱 좋은 문구지요. 이 라쿤 야상이 처음엔 브랜드 이름이라도 되는 줄 알았던 저는 라쿤의 실체를 알고 정말 깜짝 놀랐습니다.

라쿤은 아메리카 너구릿과의 동물입니다. 언뜻 보면 너구리와 얼굴을 구별하기도 쉽지 않지요. 너구리는 꼬리에 줄무늬가 없는 반면 라쿤은 선명한 줄무늬를 갖고 있다는 것이 가장 큰 특징입니다. 또 라쿤은 앞발을 손처럼 자유자재로 이용할 수도 있고 음식을 물에 씻어 먹는 것으로 독특한 식생활을 보여 주기도 합니다. 야생의 라쿤은 물속에서 먹이를 잡아먹는 습성 때문에 무엇이든 물에 담갔다 먹으려는 동작이 마치 씻어 먹는 것처럼 보인답니다. 아주 귀엽죠? 다른 동물들의 음식을 훔쳐서 손에 움켜쥐고 달아날 수 있다면 이는 분명 너구리가 아닌 라쿤입니다.

이런 라쿤의 털을 이용해 만든 것이 '라쿤 퍼 야상'이지요. 여러분이 좋아하는 연예인이 이런 옷을 입고 나오면 훨씬 더 멋져 보이기 때문에 우리도 같은 옷을 입으면 기분이 좋아지는 경험을 합니다. 그렇지만 소비자의 심리를 자극해 이익을 얻는 쪽은 기업밖에는 없습니다. 하등 보온의 역할을 하지도 못하는 모자 주변에 달아 놓은 털은 장식용으로 만든 것일 테지만, 걸을 때마다 풍성하게 흔들리는 라쿤 털의 유혹을 떨쳐 내기란 쉬운 일이 아닙니다. 그러나 라쿤 퍼 야상이 여러분의 몸을 감싸 안을 때까지 일어나는 실상을 알게 되면 생각이 조금 달라질지도 모릅니다.

모피 생산을 위한 야생 동물들은 밀렵만으로 수요를 충족시키기 어려워 대부분은 농장에서 사육됩니다. 태어나서 죽는 순간까지 비좁은 철창 우리가 그들이 보는 세상 전부입니다. 이 동물들이 자유로운 순간은 죽기 위해 철창 밖으로 나오는 오직 그때뿐이지요.

라쿤 털을 포함한 모든 모피 종류의 옷을 만들 때는 산 채로 동물의 가죽을 벗겨 냅니다. 이 글에는 모자이크 처리라도 하고 싶은 심정이군요. 아가의 살결이 보드랍고 사랑스럽듯이 동물도 어릴수록 털이 부드러워서 아기 라쿤도 예외 없이 죽임을 당합니다. 오히려 더

비싼 상품이 되려고 농장 밖을 나갑니다. 옆의 다른 동물들, 한때는 가족이었고 비참한 감옥에서나마 친구였던 동물들이 모든 과정을 지켜보는데도 사람들은 아랑곳하지 않습니다.

죽지 않을 만큼만 때리다가 감각이 살아 있을 때 가죽을 벗겨 냅니다. 왜 죽이지도 않고 그런 처참한 상황을 연출할까요? 다 이유가 있답니다. 때리다가 죽게 되면 근육들이 경직되기 시작하고 그러면 가죽도 잘 벗겨지지 않는 데다 털의 질도 떨어지기 때문이에요. 고가의 제품을 만들어 내기 위해서는 그만큼의 잔인함이 동시에 필요한 시스템이지요.

몸이 한 꺼풀 통째로 벗겨졌는데도 바로 죽지 않고 붉은 살을 드러낸 채 눈을 깜빡이는 동물들을 저는 언젠가 영상 자료로 본 적이 있습니다. 그들이 어떤 심정일지 저는 감히 상상도 못 할 정도였어요. 당장 우리는 누가 머리카락만 잡아당겨도 아파서 화가 날 판인데 동물들은 인간의 손에 갇힌 이상 아픈 비명을 지르는 것밖에 할 수 있는 게 아무것도 없습니다.

라쿤뿐만이 아니에요. 토끼털도 마찬가지입니다. 보들보들한 앙고라 스웨터를 만들기 위해서 산 채로 토끼의 털을 뽑아냅니다. 털을 깨끗하고 안전하게 깎아 내는 것이 아닙니다. 이는 저의 순진한 환상이기도 했지요. 앙고라토끼는 태어나서 두 달이 될 무렵부터 털이 뽑히는데 피부에 피가 맺힐 때까지 뜯기는 과정을 3개월마다 반복적으로 겪습니다. 작은 토끼에게서 나오는 비명은 너무나 처참하지만, 그

소리를 들으면서도 털을 뽑는 인간의 손은 멈추지 않지요. 이렇게 털을 생산하다 더는 그런 역할을 해내지 못하면 거꾸로 매달린 채 목이 잘려 토끼고기로 팔려 나갑니다. 그래서 겨울은 야생 동물에게 가장 잔인한 계절인가 봅니다.

세계적으로 모피가 부와 권력의 상징이었던 시절이 있었지요. 패션계에서도 브랜드의 명품화를 위해 모피를 이용하기도 했습니다. 요즘은 굳이 백화점을 가지 않아도 홈쇼핑, 인터넷쇼핑 등에서 전화 한 통이나 클릭 한 번이면 빠르게 주문할 수 있는 시스템이 더욱 소비를 부추긴 면도 있습니다. 여러분의 패션을 위해 동물들은 점퍼가 되기도 하고 니트나 목도리, 머리끈이나 가방에 매다는 장식품이 되기도 하지요.

밍크, 여우, 수달, 족제비, 담비, 친칠라, 코요테, 라쿤, 오리, 거위… 이들은 따뜻하고 아름다운 털을 가졌다는 이유로 인간에게 그들이 가진 단 하나의 옷을 빼앗깁니다. 우리는 너무나도 많은 것을 가졌는데 그렇게도 남의 옷 한 벌이 욕심이 나는 것일까요? 우리나라의 겨울은 그 동물들의 털옷이 아니고서는 견딜 수 없을 만큼 혹독한 계절일까요? 농장에서 모피나 가죽으로 제공되기 위해 길러지는 동물에는 개와 고양이까지 포함됩니다. 역시 가죽장갑, 모자, 액세서리 등으로 가공됩니다. 누구도 멋진 완제품을 보며 동물들이 살아온 삶과 죽음의 과정을 연상하지 못합니다. 우리는 패션이라는 이름으로 너무 근사하게 포장을 해 왔거든요. 그럼에도 개인의 취향이라는 이유로 여전히 동물들의 살육을 멋 내기용으로 소비하는 사람이 많습니다. 저는 그런 패션이 하나도 아름답게 보이지 않습니다. 그 사람들이 돈이 많아서? 따뜻한 옷을 입어서? 아무리 그렇더라도 전혀 부럽지 않아요.

동물의 털옷을 갖고 있지 않은 사람이라도 가죽 제품은 최소한 하나 이상 갖고 있을 것입니다. 가죽은 패션 분야에서 훨씬 광범위하게 쓰이고 있는 재료인 만큼 여러분의 눈에 띄는 곳 어디에나 가죽으로 만든 제품들은 존재합니다. 가죽 소파, 신발, 벨트, 가방 등등 헤아릴 수 없이 많은데 소가죽, 양가죽, 타조가죽, 악어가죽 등 여기에도 동물들의 이름만큼 다양한 이름의 가죽이 있습니다. 아무리 그래도 이들은 패션의 이름이 아니고 동물의 이름입니다. 그들 각자에게 이름을 붙인 것은 바로 우리 인간이지요. 이름을 부른다는 것은 그 대상을 사랑할 수 있다는 것입니다. 여러분에게 엄마, 아빠 그리고 사랑하는 친구들의 이름이 있듯이 말이에요.

먼 옛날처럼 동물의 털이나 가죽이 아니고서는 인간의 몸을 보호할 옷이 없었던 시대였다면 저는 이렇게까지 할 말이 많지도 않았을 것입니다. 그리고 충분히 이해했을 겁니다. 옛날 사람들은 오로지 털옷만을 위해서 동물을 죽이지 않았거든요. 동물을 죽일 수밖에 없는 상황이라면 경건하게 기도를 하고 사냥을 했습니다. 뼈와 살과 가죽까지 자연의 숭고한 선물로 받아들이고 감사하게 여겼습니다.

우리가 알아야 할 내용은, 인간의 욕심은 끝이 없어서 필요한 것이상을 가지려고 하고 그 과정에서 생명에 대한 연민이나 자비심이라고는 하나도 없이 다른 동물들을 대한다는 것입니다. 조금 덜 갖고 조금 불편한 대신 소중한 생명을 살릴 길이 있다면 기꺼이 그쪽을 선택하는 게 바람직하지 않을까요?

5 유기 동물

동물에게 잔인한 사람이라면 인간에게도 그럴 수 있다.
동물을 대하는 태도를 보고서 사람의 본성을 판단할 수 있다.

– 임마누엘 칸트

생명을 버리는
사람들

여태 저는 동물을 사랑하는 한 사람으로서 우리가 알지 못하는 동물들의 비참한 현실에 관해 얘기해 보았습니다. 하지만 동물을 사랑한다는 사람들이 그렇지 않은 사람에게 비난을 많이 받는 건 바로 유기 동물에 대한 책임 소재 때문입니다.

유기 동물이란 어떤 의미일까요? 한때는 사람의 손에 길러졌던 동물이 길 위에서 떠돌고 있을 때 우리는 그들을 유기 동물이라고 부르고 사회적인 조처를 합니다. 정확한 표현이 될 수는 없어도 통상적인 의미로는 충분하리라 봅니다. 길을 잃은 동물까지 포함하기도 하지만, 그만큼 동물이 귀여워서 '구입購入'했다가 더는 필요가 없을 때 '유기遺棄'해 버리는 경우가 적지 않기 때문입니다.

유기하는 이유는 각자의 사정만큼 다양합니다. 그것은 동물의 사정이 아니라 키우던 사람들의 마음이 예전과 달라졌다는 뜻이지요. 가장 흔한 예로는 늙고 병들어서, 너무 커 버려 더는 귀엽지 않아서 또는 병원비로 들어가는 돈이 너무 많아서, 너무 짖어서, 아기를 낳고 길러야 하는데 건강이 염려된다는 이유로, 그냥 귀찮아진 경우 등등 말입니다. 아이들 장난감용으로 고양이를 사줬는데 고양이가 화를 내서 그냥 내다 버렸다고 얘기하는 사람도 보았습니다. 이후에 그 사람은 아이에게 토끼를 사다 주더군요. 토끼는 똥을 아무 데나 싸서 더럽다는 이유로 다시 버려지고 말았습니다.

해마다 휴가철이나 명절이면 여러분에게는 신나게 놀고먹을 수 있는 즐거운 연휴가 되지만 사람에게 버림받고 길 위를 떠도는 동물들이 늘었다는 뉴스를 접합니다. 제가 사는 곳도 2015년 대비 2016년 여름에 유기 동물이 20퍼센트 증가했다고 합니다. 원래 살던 곳 앞에 내다 버리면 동물이 다시 집을 찾아 돌아올 수 있기 때문에 멀리 이동을 할 때를 이용하는 것이라 추측되는데 여러분 생각은 어떤가요?

낯선 곳에 버려진 동물들은 어디로 가야 할지 몰라 헤매다가 로드킬을 당하거나 보호소에 들어가 열흘 만에 안락사되는 경우가 허다합니다. 그나마 동물에 대한 연민이 조금이라도 남아 있는 사람은 누군가 잘 키워 달라는 의미로 동물 병원이나 보호소 등에 묶어 놓고 가 버리기도 하지요. 사실은 그들에게 연민이 남아 있다는 표현은 적고 싶지 않지만, 우리가 앞서 이야기 나눴듯이 세상은 너무나도 동물에게 잔인해서 그나마 그 정도면 낫다고 본 것입니다. 아니면 직접

집에서 키우던 동물을 학대해서 잔인하게 죽이는 경우도 너무나 많거든요.

이렇게 버려진 동물들의 남은 삶은 대체로 행복하지 않습니다. 어차피 동물을 버린 사람들에게는 그다지 중요한 사실이 아니겠지만요. 잠깐 언급한 것처럼 길에서 허망하게 죽거나 유기 동물 보호소로 신고되면 관리자가 직접 동물을 데리러 나옵니다. 대부분의 유기 동물 보호소는 지자체의 위탁 시설에서 운영하지요. 동물이 어디에서 발견되었는지에 따라 들어가는 보호소도 결정되게 됩니다.

길 위에서 발견된 모든 동물이 버려졌다고 단정 짓기는 어렵지만, 어차피 누군가 고의로 버린 것이 아닌 잃어버린 동물이라도 길 위를 떠돌았을 가능성이 높아서 유기 동물 보호소로 옮겨지는 것은 마찬가지입니다.

여러분이 만약 동물을 잃어버린 경우라면 정부에서 운영하는 동물 보호 관리 시스템▪에 접속해서 관련 자료들을 검색해 찾아볼 수 있습니다. 이 시스템은 각 보호소의 모든 정보를 한꺼번에 모아 놓은 곳이기 때문에 각자 사는 곳의 보호소에 직접 찾아가지 않아도 되는 편리함이 있습니다.

▪ www.animal.go.kr 이곳은 각 보호소에서 보호를 받는 동물들의 정보를 한눈에 찾아볼 수 있다. 신고·접수된 기준의 날짜와 발견되었을 것으로 추정되는 지역과 품종 등을 입력하면 정보 범위가 좁혀져 좀 더 빠르게 검색할 수 있다. 또는 동물의 등록번호 15자리를 입력해 담당 기관 등을 검색한 후 그곳에 문의해서 잃어버린 동물을 찾을 수 있는 시스템이다.

이렇게라도 찾으면 정말 다행이지요. 이러한 정보를 알지 못해서 때를 놓치게 되면 영영 만나지 못하는 경우가 생길 수도 있습니다. 공고가 나가고 열흘이 지나도 주인이 나타나지 않으면 해당 시·군·구 등이 동물에 대한 소유권을 갖게 되어 기증하거나 분양할 수 있다고는 되어 있지만 사실상 관리가 힘들 때에는 안락사를 시키는 경우도 있기 때문입니다.

혹시라도 길에서 떠도는 동물을 발견했을 때에는 반드시 경찰서나 지자체의 보호시설 등에 신고해야 합니다. 누군가 버렸을 거라 판단하고 불쌍해서 데려가 키운다면 여러분의 따뜻한 마음은 충분히 이해하지만, 현행법으로는 점유 이탈물 횡령죄에 해당될 수 있거든요. 이 죄는 누군가가 흘린 물건을 마음대로 가져갔다는 의미의 죄입니다. 말했다시피 동물은 우리나라에서 재물에 해당하거든요. 나쁜 마음을 먹고 잡아서 팔거나 죽이거나 했을 때는 더 큰 처벌을 받을 수 있으니 조심해야 합니다. 만약 유기 동물을 발견했는데 여러분의 가족 모두가 그 동물과 함께 살기를 원한다면 우선은 신고해서 주인에게 찾을 길을 열어 주고 이후에 공고 기간이 지나면 모든 사람에게 입양의 기회가 주어지기 때문에 그때를 이용하면 됩니다.

그러나 누군가에게 신고되어 보호소에 들어가는 경우, 다른 좋은 가족을 만난다는 것은 매우 드문 경우이고 대부분은 열악한 환경 속에서 지내며 심할 경우 학대에 노출되기도 합니다. 이런 현황을 너무나도 잘 알고 있는 사람들은 보호소에 신고하기를 거부하고 자신이 직접 전단을 돌려가며 주인을 찾아주는 일을 하기도 합니다. 왜 냐하면, 보호소가 말만 보호소이지 무관심 속에 방치하는 경우도 꽤 있거든요.

어떤 생명이든 물건이든 함께하는 시간이 있었다면 정이 드는 것이 당연합니다. 고운 정 미운 정 할 것 없이 다 들어 헤어질 때면 서운한 것이 인지상정이기도 한데 동물을 물건짝 취급해 아무렇게나 대하고 아무렇게나 버릴 수 있는 사람이라면 도대체 어떤 마음인지 궁금하기도 합니다. 버려진 동물들이 하염없이 사람을 기다리는 모습은 정말 애처롭습니다. 한때 여러분이 사랑했던 동물이 어떤 이유로든 버려지게 된다면 동물들의 남은 삶이 행복할 것이라는 기대는 저버리는 편이 좋을 것입니다.

애니멀 호더

책임질 수 없는 사람들 때문에 수많은 유기 동물이 생겨나는 문제는, 동물을 키우는 사람들을 한꺼번에 비난하기 쉬운 주제입니다. 끝까지 사랑으로 잘 돌보는 사람들은 좀 억울하겠지만 우리는 사회적인 책임 차원에서 이 문제를 살펴볼 필요가 있습니다. 그에 따른 예로는 동물을 자신이 돌볼 수 있는 능력 이상으로 수집하는 애니멀 호더animal hoarder가 있습니다. 동물을 너무나도 사랑해서 그만 악명으로 비난받는 사람들이지요. 사실은 동물을 사랑한다고 얘기할 수가 없습니다. 다만 당사자들은 너무나 사랑한다고 얘기하기 때문에 그들의 표현을 빌려 온 것입니다.

냉정한 표현이긴 하지만, 애니멀 호더는 동물을 돌보는 사람들이라기보다는 광적으로 수집하기에만 급급한 사람들을 일컫습니다. 불쌍해서 동물을 거두어들였다고 해서 모두 애니멀 호더가 되는 것은 아닙니다. 충분히 책임과 의무를 다하고 동물을 사랑으로 보살핀다면 문제될 것이 없습니다. 하지만 애니멀 호더라고 불리는 사람들은 아무런 능력이나 책임 의지가 없으면서 동물들을 모아 두고 방치해 버립니다. 이들 대부분은 동물이 아플 때 진료를 받게 하는 일에 전혀 신경을 쓰지 않습니다. 엄밀히 말하면 동물 학대 유형 중의 하나라고 할 수 있지요. 비유해 보자면, 노숙자들이 불쌍하다고 감옥을 만들어 놓고 거기에 노숙자들을 밀어 넣은 채 밥도 안 주고 대·소변도 그 안에서 해결하라고 하고 밖으로는 나오지도 못하게 하는 행위와 비슷하다고 보면 됩니다. 인간이든 동물이든 누구도 이런 삶을 원하지는 않을 것입니다. 자유가 부재하는 공간에서 생존에 필요한 욕구조차 박탈당한 채 살아야 한다는 것은 우리가 지금껏 얘기해 왔던 다수의 동물이 처한 비윤리적인 상황과 전혀 다를 바가 없습니다.

처음부터 방치 목적으로 생명을 가두어 놓는 학대 성향의 사람들도 있지만, 그중에는 의도치 않게 상황이 그리되어 버린 경우가 더 많아 보입니다. 처음에는 한두 마리 정도의 동물로 시작했다가 번식에 대한 책임감이 결여된 채 손을 놔 버리면 감당할 수 없을 만큼으로 개체 수가 불어나 버리거든요. 동물에 대한 연민을 갖는다는 것은 무관심한 이들보다는 나은 수준이지만, 사랑도 왜곡되면 걷잡을 수 없이 불행의 나락으로 떨어지는 양날의 검 같은 성격이 있지요. 자신은 동물을 너무나도 사랑하기 때문에 절대 헤어질 수 없다고 합니다. 누가 그들을 떼어 놓으려고 할까요? 왜 그러지 않으면 안 되는 상황인 걸까요? 누가 보더라도 동물이나 사람 모두 처참한 상태에 이르렸다는 판단 때문입니다.

이들이 하는 주장은, 인간이 무슨 권리로 동물이 번식할 자유까지 빼앗느냐는 것이지만 우리가 동물을 소유하는 이상, 책임은 고스란히 인간의 몫으로 남겨진다는 것을 기억해야 합니다. 소유하지 않더라도 우리가 그들의 삶에 관여하는 이상, 인간이 동물을 지배 구조로 착취해 온 이상, 우리는 모든 책임을 져야 합니다. 번식 때문에 동물들의 기본적인 생존까지 위협받는 상황이라면 더더욱 그렇습니다. 현대 사회의 반려동물은 자연적 선택 관리의 영역을 벗어나 있음에도 이를 간과한 채 무분별한 번식을 옹호한다는 것은 동물의 권리 주장을 넘어선, 사랑이라는 이름으로 포장한 형태의 학대입니다.

이런 성향의 애니멀 호더는, 자신의 능력을 벗어나게 되면 어떻게든 수습하려는 노력보다는 아예 자포자기 심정이 되기 쉽습니다. 책임져 줄 곳에 위탁할 마음도 전혀 없습니다. 상황이 악화될수록 자신의 고통스러운 심리를 투사해 동물에게 물리적인 학대를 가하기도 합니다.

여기까지 이르게 되면 연민이든 악의적인 의도든, 동물 학대가 어디서 어떻게 시작했는지는 중요하지 않게 됩니다. 서양에서는 이를 엄연히 동물 학대로 분류하고 있지만 우리나라 사람들은 그들의 연민의 마음을 충분히 이해하는 쪽도 많습니다. 심리적인 치료가 우선이지만 단호히 거절하는 사람들이 대부분이지요. 정신 이상자로 취급한다며 오히려 더 완강하게 저항을 합니다. 법으로도 어떻게 하기

힘든 점은 그들이 동물을 소유할 권리를 가졌다고 인정하기 때문입니다. 동물의 권리는 어디에도 없고 자격이 안 되는 인간의 권리만 있는 셈이지요. 소유에 대한 집착과 닫힌 마음은 사람들과의 관계조차도 소통 불능자로 만들어 버립니다.

동물에 대한 왜곡된 사랑이 만들어 내는 비슷한 유형 중 하나는 개인이 보호소를 차려 유기 동물을 돌본다고 하는 곳입니다. 동물을 번식시키지 않을 의무가 있는 것이 아니어서 개체 수가 감당할 수 없이 불어나는 것은 말할 것도 없고, 너무 많은 동물을 혼자서 돌보다 보니 제대로 관리될 리도 없지요.

그런데 개인이 열악한 환경에서 동물들을 보호하는 모습을 보자면, 동물을 좋아하는 사람들은 매우 짠하고 안타까운 마음이 드는 것이 사실입니다. 그래서 이런 힘든 환경을 다른 사람들에게 알려 동물을 위한 사료나 후원금 등을 모으기도 하고 직접 가서 청소해 주는 식으로 봉사합니다. 하지만 이런 마음을 악의적으로 이용하는 사람들이 있어 이 또한 문제가 되고 있습니다. 그전에는 동물을 사랑하는 사람과 그렇지 않은 사람의 대립이 주요 형태였다면, 이번에는 다들 동물을 사랑한다고 자처하고 나선 사람들의 충돌이라는 것입니다.

사설 보호소의 애니멀 호더 중 더 계획적인 사람들은, 열악한 환경을 빌미로 사람들의 도움을 받아 사사로운 이익을 챙기는 데에 목적을 둡니다. 불쌍한 동물들을 내세워 일종의 감성팔이를 하는 것인데 이들이 노리는 것은 사료나 수술 치료 등의 지원이 아니라는 점입니다. 노골적으로 현금만 요구하는 곳이라면 당연히 동물 앵벌이라고 표현해도 지나침이 없을 것입니다. 동물을 조건 없이 좋아하는 사람들은, 그런 사람이 싫더라도 동물이 불쌍해서 돕고 또 돕고 하지만 결국에는 이용만 당하고 맙니다. 사람들의 따뜻한 마음이 악순환의 고리로 전락하지 않으려면 냉철한 상황 판단이 우선시되어야 할 것입니다.

1981년 미국의 공중 보건 학술 논문은 애니멀 호딩의 기준을 정식 보고했습니다.[■] 동물을 많이 키운다고 해서 다 애니멀 호더가 되는 것은 아닙니다. 또한, 동물과 함께하다 보면 예상치 못했던 상황은 누구에게나 있을 수 있습니다. 그러나 이를 인정하지 않고 동물을 고통 속에 내버려두는 것이 문제입니다.

애니멀 호더 문제는 우리나라에서 다루기는 특히 더 어려워 보입니다. 길 위를 떠도는 것보다는 낫지, 안락사당하는 것보다는 낫지, 개고기로 팔려가는 것보다는 낫지…. 동물들의 삶이 기본적으로 매우 열악한 사회이기 때문에, '감옥'이라도 그 무엇보다는 낫겠다고 생각하기 때문에 이런 일들이 반복되는 것입니다.

■ 1. 일반적으로 가정에서 키우는 반려동물의 수보다 훨씬 더 많은 수를 키우는 것 2. 전염병 발병, 부상 방치, 영양 결핍, 비위생적인 환경 등 3. 기본적인 수의학적 처치의 부재에도 불구하고 계속해서 동물을 키우는 것 4. 동물의 생존에 필요한 최소한의 환경도 제공하지 못하고 있다는 사실을 부정함 5. 위의 행위들로 본인의 가족이나 살고 있는 건물 내 입주자들에게 피해를 끼치고 있다는 사실을 부정함 6. 위에서 시작된 여러 가지 문제점에도 불구하고 동물 수집을 중단하지 않는 것.

도둑고양이에서
길냥이로

애니멀 호더의 강박적 사고로 고통받는 동물 중에는 개와 고양이가 압도적으로 많습니다. 그들은 버려진 생명을 구했다고 착각하지만, 고양이를 호딩하는 경우 길고양이들을 무작위로 들여오기도 합니다. 그런데 길고양이는 유기 동물이 아닙니다. 동물 보호법 제14조와 동물 보호법 시행규칙 제13조에 따르면 도로나 공원 등의 공공장소에서 소유자 없이 배회하거나 종이 상자 등에 내버려진 동물은 구조나 보호 조치 대상이 됩니다. 하지만 도심의 주택가 등에서 자연적으로 번식해 살아가는, 소위 길고양이는 구조나 보호 조치 제외 동물로 되어 있습니다. 따라서 확연히 품종묘로 보이거나 목줄이나 방울 등이 달려 있다면 필시 사람의 손에 길러졌을 것으로 추정하기 때문에 구조할 수 있지만 그렇지 않은 경우라면 지자체나 관할 보호소에서도 데려가지 않는다는 뜻입니다.

예전에는 이렇게 도심의 주택가 등지에서 사는 고양이를 도둑고양이라고 불렀습니다. 그나마 지금은 고양이가 인기 있는 동물이 되면서 이름도 조금 격상되었다고나 할까요? 길고양이, 길냥이, 캣맘 등의 이름이 어우러져 다양한 고양이 문화를 만들어 내고 있습니다. SNS에 기지개 켜는 고양이 사진이라도 한 장 올리면 귀엽다고 다들 한마디씩 남기고 갈 정도입니다. 이렇듯 고양이를 좋아하는 사람들은 예전보다 훨씬 많아진 느낌이고 고양이에 관한 신조어■까지 많이 등장했습니다.

그중 '냥줍'은 예쁜 길냥이를 주워 와 키운다는 의미입니다. 어차피 길냥이는 주인 없이 번식된 고양이들인데다 이제 태어난 지 얼마 되지도 않은 생명이라면 그 꼬물거리는 몸짓이며 목소리가 너무 귀여워 사람들은 금세 마음을 홀리게 되지요. 그래서 뒷감당에 관한 고민도 없이 '주워 와서' 키우게 됩니다. 이런 식으로 생명을 쉽게 선택하다 보니 쉽게 버려지는 풍조도 여전합니다. 어린 고양이를 데려와 키우다가 자라면 애교도 줄어들어 그전만큼 애정이 가지 않는다고, 어차피 길에서 왔으니 길에서 잘 적응할 거라고 다시 길에 내놓는 경

■ '길냥이' 야외에서 살아가는 보호자가 없는 고양이, '아깽이' 새끼고양이, '업둥이' 길에서 데려온 고양이, '곤냥마마' 고양이를 높여 부르는 말, '캣맘·캣대디' 길고양이들에게 먹이를 제공하며 생존을 꾸준히 돕는 사람, '집사' 고양이를 모시며 사는 자신을 고양이에 비해 상대적으로 낮춰 부르는 이름, '냥타쿠' 고양이를 아주 좋아해서 심취해 있는 사람.

우도 많습니다. 그러나 이미 고양이들은 야생성 없이 도시 생태계에서 인간과 함께 살아가는 존재다 보니 삶은 그전보다 훨씬 고달파집니다.

사람이 동물을 키운다는 것 자체가 자연과 공존하며 자연스러운 합의처럼 이루어진 경우라면 몰라도 대부분 현실에서는 매우 어색하게 맺어져 버린 관계라고 저는 생각합니다. 그래도 인간이 인간 중심으로 조성해 놓은 불균형의 생태계에 큰 책임이 있는 이상, 이미 불어난 동물들에 대해 책임을 지는 과정은 반드시 필요합니다. 그렇다고 농장에서 판매 목적으로 사육된 동물을 사오는 것은 아무런 의미가 없겠지요. 오히려 생태계의 불균형을 더 심화하는 데 일조하는 것밖엔 안 됩니다. 독일의 예처럼 유기 동물 보호센터나 동물 보호 단체에서 입양해 온다든지 하는 식으로 입양 과정을 거치는 것이 바람직하리라고 봅니다. 어쩌면 이것은 아름다운 '공존'이라고 부르기보다는 인간이 아직도 자각하지 못하는 생명에 대한 이기적인 행위들에 대한 '책임' 과정이라고 보는 것이 맞을 것 같습니다.

사자, 호랑이, 치타, 표범, 재규어, 고양이 등의 동물이 모두 고양잇과에 속합니다. 고양이는 이 중 가장 작은 동물로서 우리에게는 애완동물, 반려동물처럼 여겨지지만, 행동 특성상 인간에게 친근감을 주는 느낌은 강아지보다 훨씬 덜합니다. 간혹 강아지처럼 달려와 반겨 주거나 하는 고양이들을 '개냥이'로 부르기도 하지만요. 그래서 고양이에게는 아직 야생성이 많이 남아 있다고 보기도 하지만 도심에서 태어나 살아가는 길냥이들은 좀 다릅니다. 이들은 주로 사람들이 버린 음식 쓰레기를 먹거나 자발적인 캣맘·캣대디의 보살핌 속에 의존적으로 살아가는 존재들입니다. 도심에서 사냥할 수 있는 먹이는 극도로 제한적이라 이런 방법 외에는 살아남을 길이 없거든요.

이처럼 길냥이들이 불어난 것은 산이나 들에서 야생으로 산 고양이들이 도심으로 들어와서가 아니랍니다. 사람의 손에 길러졌다가 하나둘 버려진 생명들입니다. 그러다 무차별적으로 번식하게 되니 이에 따른 갈등 상황이 많은 것도 문제지요. 길냥이들은 대부분 사람을 피하기 때문에 보호소 등에 입소시키는 것 또한 쉬운 일이 아니고 도심이라는 생태계는 길냥이들에게 치명적인 환경입니다. 동물을 싫어하는 사람들의 반발 또한 거세서 현장에서는 물리적인 충돌까지 생기기도 합니다. 고양이에게 먹이를 주면 수만 더 불리는 꼴이 되니 절대 주지 말라는 표지판도 붙어 있습니다. 하지만 먹을 게 없으면 고양이들은 쓰레기봉투를 찢을 수밖에 없어서 이를 더럽게 여기는 사람들은 더욱 거센 민원을 제기하기도 하지요.

그래서 캣맘들은 주민의 눈치를 보며 밤에만 고양이들에게 몰래 밥을 줍니다. 캣맘들에게 불문율처럼 되어 버린 일이랍니다. 고양이가 알아듣든 못 알아듣든, 제발 쓰레기봉투를 찢지 말고 사람들 눈에 띄지 말라고 당부를 하지요. 사람들의 해코지에 죽어 가는 고양이들이 워낙 많으니까요. 고양이 수를 무한정 불리도록 놔둘 수도 없는 상황입니다. 안 그래도 길냥이 돌보는 일을 떳떳하게 못 하고 숨어서

해야 할 정도로 죄책감을 심어 주는 사회인데, 고양이의 수가 마구 늘었을 때 사람들의 원성을 어떻게 다 감당할 것이며 고양이는 고양이대로 위험한 상황에 처한다는 것을 너무나 잘 알기 때문입니다. 안타깝지만 고양이를 사랑하는 사람들은 개체 수를 줄이고자 인위적인 개입을 할 수밖에 없는 상황이 되어 버렸습니다.

여러분은 TNR■이라고 들어 본 적이 있나요? 고양이를 포획Trap해서 중성화Neuter를 시킨 뒤에 방사Return하는 과정입니다. 중성화란 불임 수술을 말하는 것입니다. 잔인하다 할 수 있겠지만 이미 야생 동물과의 공존을 허용하지 않는 인간 중심의 사회에서는 어쩔 수 없습니다. 어쩔 수 없이 중성화를 시키는 캣맘이나 반려동물을 키우는 사람들을 탓할 일이 아니라고 봅니다. 그들이 잔인해서 동물들에게 못할 짓을 하는 것처럼 비난하는 것은 바람직하지 않습니다. 역설적이게도 길 위의 동물이 더는 불행하지 않았으면 하는 바람으로 하는 가슴 아픈 개입이지요. 현재로써는 그렇습니다. 지금까지 우리가 보아 온, 동물에 대한 극단적인 폭력에서 최대한 동물을 보호하는 일이랍니다. 도시가 있고 우리와 동물이 있는 이상 함께 살아가기 위한 최대한의

■ TNR을 요청하는 방법은 크게 세 가지로 나눌 수 있다. 동물 보호 단체나 지자체에 연락하거나 또는 개인이 직접 진행하는 방법이 있다. 개인이 진행하면 모든 과정을 직접 지켜보며 적극적으로 보살펴 줄 수 있지만, 시간과 비용이 많이 들고 동물 보호 단체 등에서는 금액을 일부 지원해 주기도 한다. 서울시는 전액 무료로 진행하지만, 신청자가 많아 대기 시간이 길다. TNR은 길고양이의 수가 무한정 늘어나는 것을 일정 부분 막아 주는 역할을 하며 살처분하는 것보다는 생명을 살리는 쪽으로 진행한다는 점에서 가장 효과적인 대안으로 인정된다.

타협점이라고 보는 것이 좋겠지요. 동물에 대한 우리의 관심이 지금보다 더 높아지고 우리 사회의 전반에서 공존하는 삶이 실현된다면 그때는 TNR이 불필요하게 될지도 모르겠군요.

고양이를 키운다는 것은 새끼 고양이 시절의 그 사랑스러운 목소리로 야옹거리는 환상만 있는 것이 아닙니다. 새벽마다 울어대서 잠을 못 자는 상황이 생길 수도 있고 발정기 때면 집 안 구석구석에 오줌을 분무기처럼 뿌려 댈 수도 있습니다. 아파서 병원이라도 가게 되면 상상을 초월할 만큼 비용이 많이 나오기도 하지요. 길을 가다 쉽게 마주치는 길냥이를 데려갈 때는 이런 모든 문제 상황까지 염두에 두고 모두 감당할 수 있을 때 마음의 결정을 하는 것이 바람직합니다. 당장 귀엽다고 예쁘다고 불쌍하다고 거두는 것은 길냥이에게도 참 못할 짓입니다. 무슨 일이 있어도 끝까지 책임지겠다는 마음을 동물과 이별의 순간까지 지속하는 사람이 전체 반려 인구 중 5퍼센트 정도밖에 안 되는 것이 우리의 현실입니다.

산다는 것 vs
입양한다는 것

이처럼 우리 주변에는 동물들로 넘쳐나는데 여전히 강아지 공장, 고양이 공장에서는 생명들을 생산해 내고 있습니다. 거듭 강조하지만, '새 상품'을 갖고 싶어 하는 소비자들의 욕구가 그대로 반영된 사회 현상입니다. 누군가 쓰고 버렸음직한 물건은 재활용하지 않겠다는 것처럼 누군가에게 유기되었을 동물들은 키우고 싶지 않다는 심리지요.

우선 강아지 공장에서 태어나 경매장을 거쳐 펫숍에 진열된 강아지를 예로 들어 보겠습니다. 이들은 기본적으로 열악한 환경에서 태어난 데다 어미젖도 떼기 전에 진열되기 시작해서 건강상의 문제가 많다는 것은 이미 널리 알려진 사실이지요. 그럼에도 구매자들은 별로 걱정을 하지 않습니다. 불량품을 만나면 당연히 환불받거나 교환

할 수 있기 때문입니다. 다시 새 상품을 받으니 여러분은 소비자로서 만족할 수 있지만, 문제는 여기서 끝나는 것이 아니지요.

펫숍에서 동물을 샀던 이유 중 하나는 '혈통' 때문이기도 합니다. 잡종개, 똥개, 마당개, 식용개 등으로 불리는 동물이 아니라 엄연히 품종이 있는 강아지를 사고 싶다는 욕망 때문입니다. 잡종이라고 불리는 믹스견을 키울라치면 강아지 종류가 뭐냐는 사람들의 질문에 대답 못 하는 상황이 싫기 때문입니다. 그러나 이미 여기에는 혈통서를 조작하거나 예방 접종 등을 마친 것처럼 건강 수첩을 조작해 제공하는 문제가 있었습니다. 몰랐던 사람은 이런 사기에 당하고만 있고 알게 된 소수의 사람만 인터넷 카페 등을 통해 이런 문제를 고발하곤 했었지요. 가끔 뉴스에서 다뤄지기도 했지만 그것도 잠시, 조금만 시간이 지나면 사람들의 관심사에서 멀어져 버리는 일이 되고 맙니다.

이후 강아지 공장 문제가 불거지면서, 비윤리적으로 생산된 강아지보다는 믿을 만한 곳에서 건강한 강아지를 데려오고 싶은 인식이 조금 생기게 되었습니다. 그래서 업자들은 마치 가정집에서 낳은 강아지인 것처럼 사진을 찍어 올리고 인터넷 카페 등을 통해 직거래합니다. 이 과정에서도 혈통서 조작은 여전합니다. 고급견종이라는 것을 강조하고 건강한 어미한테서 태어난 문제 없는 강아지라고 하면 더 높은 가격을 받을 수 있으니까요. 고급견종이라는 것이 과연 따로 있을까요? 인간과 동물의 피가 붉은 것은 다 똑같은데 혈통만으로 상·중·하로 나눈다는 것이 과연 자유와 평등의 시대에 어울리기나

하는 말일까요? 아니, 우리는 자유와 평등의 시대에 살고 있다고 착각해 왔던 것인지도 모르겠습니다. 과자 한 봉지를 사더라도 소비자의 권리가 있는 세상인데, 인간에게 착취당하면서 살아가야 하는 동물에게는 그 어떤 권리도 주어진 적이 없었으니까요.

이런 부조화의 관계를 어떻게 하면 바로잡을 수 있을까요? 우리의 마음이 건강하다면 결정과 선택도 건강한 방향으로 흘러야 마땅합니다. 그래서 누가 보아도 비정상적으로 어긋나 버린 동물과 인간의 관계 개선을 위해 신중히 고민해 볼 필요가 있습니다. 당장 여러분이 산으로 올라가 덫과 올무에 걸린 야생 동물을 풀어 주기는 힘들 것입니다. 도로 위의 로드킬 당한 동물을 구하거나, 밀렵으로 사라지는 코끼리를 구하러 아프리카로 날아가기도 어렵습니다.

인간과 동물이 지배·피지배 구조인 이 상황을 통째로 바꾸는 것은 거의 불가능할 것입니다. 이 상황에서 우리가 당장 할 수 있는 것은 최소한 우리 곁에 있는 동물에게 관심을 두고 그들에게 따뜻한 손길을 내어 주는 일이라고 봅니다. 잔인함과 폭력을 외면한다면 결코 세상은 바뀌지 않습니다. 외면만 하는 세상에서는 우리 모두 의도치 않게 소극적인 방조자가 된답니다.

여러분은 마음이 따뜻해서 동물을 사랑하고 동물과 가족이 되고 싶은 사람들이 많으리라 생각합니다. 그럴 때 여러분은 "강아지 하나 사주세요!"라고 말하기 전에 "보호소 동물을 입양해 오면 좋겠어요!"라고 말할 수 있어야 합니다. 유기 동물을 꺼리는 이유에 대해 수도 없이 많은 근거가 있다면 저는 딱 그만큼 모든 반려동물이 유기 동물이 될 가능성에 대해 말할 수 있답니다. 처음부터 유기 동물로 태어난 생명은 세상에 하나도 없습니다. 우리의 눈이 어떻게 보느냐에 따라 생명이 상·중·하로 나누어질 뿐이지요.

큰맘 먹고 유기 동물을 입양해 오기로 했다면 동물 보호 단체의 입양 센터나 지자체의 유기 동물 보호소 등으로 발걸음을 옮기면 됩니다. 독일의 티아하임Tierheim■은 독일어로 동물 보호소라는 뜻이지만 아주 깨끗한 공원처럼 관리가 잘 되고 있어서 저도 거기서 방 하나 받아 살고 싶을 정도입니다. 우리나라는 아직 그 수준까지는 이르지 못했고 시설들도 독일과 비교하자면 터무니없이 열악하지만 우리는 보호소라는 건축물을 보러 간 것이 아니라는 것을 기억해야 합니다. 또 아무리 그런 독일이라고 하더라도 어디나 유기 동물은 존재합니다. 버리는 사람들을 비난하기는 쉽지만 우리는 그러지 말자는 뜻의 건강한 비판이 아니라면 아무 가치 없는 감정 소비로 끝나고 말 것입니다.

동물이 버려진 이유는 그 동물에게 문제가 있어서라고 추측하기 쉽지만, 그 문제라는 것도 우리의 상황에서 만든 잣대일 것입니다.

■ www.tierschutz-berine.de 티아하임 베를린의 동물 보호소 인터넷 사이트다. 독일 베를린에 위치한 유기 동물 보호소이며 최고의 시설과 최대 규모, 가장 선진적인 동물 복지 시스템을 갖춘 모범적인 보호소로 인정받고 있다. 이곳에서 독일 내 동물 입양의 90퍼센트가 이루어지며 입양되지 않는 10퍼센트의 동물도 보호소에서 복지를 누리며 남은 생을 보내게 된다.

우리가 감당해 낼 수 없을 때 동물에게 그 문제를 덮어씌워 버리지요. 일종의 책임 전가 아닐까요? 그래서 '나는 더는 너를 키울 수 없어!' 이렇게 끝내 버리기 쉬운 변명 같은 것 말이지요. 모든 문제는 우리가 만든 것입니다.

때에 따라서는 여러분의 마음을 한눈에 사로잡을 운명의 순간을 경험할지도 모른답니다. 대부분 반려동물을 사랑으로 키우는 사람들은 동물과 처음 만나는 순간을 그렇게 표현하지요. 모든 세상은 정지한 채 그 생명이 나를 바라보는 눈빛에 끌려 들어갔다고요. 무슨 사랑에 빠지는 순간 같지요? 그런데 사실이 그렇답니다. 모든 사랑의 순간이 그러합니다. 우리와 동물의 관계는 이제 사랑으로 재정립될 중요한 순간에 있으니까요. 사랑에 빠졌다고 서두를 필요는 없답니다. 충분한 시간을 갖고 고민을 해 보는 것이 필요합니다. 우리는 그 생명의 삶 전체를 책임져야 하는 사람들이니까요. 쉽게 결정할수록 쉽게 포기하는 경우가 많은 것처럼, 너무 쉬운 선택은 여러분을 수많은 난관에 부딪히게도 합니다.

동물 보호소라고 개나 고양이를 입양할 때 아무나 무료로 데려갈 수 있는 게 아닙니다. 그렇다고 펫숍에서 사는 만큼의 비용을 내는 것은 아니고 최소한의 책임비라고 생각하면 이해가 쉽지요. 또 지자체 등에서 운영하는 곳이 아닌 이상 정부 지원금은 전혀 없습니다. 모두 기부자나 봉사자들로 운영되는 곳입니다. 다른 동물을 위해서라도 최소한의 비용은 늘 필요합니다.

서류도 작성해야 하고 적격 심사도 받아야 하고 생각지도 않았던 돈도 내야 한다고 투덜거리는 사람도 있습니다. 이들은 동물을 키울 자격이 없는 사람들입니다. 다른 생명과 함께 산다는 것은 예상하기 힘든 무수한 일이 기다리고 있다는 얘기인데, 그 뒷일들은 어떻게 감당해 낼 건가요? 그래서 이 정도의 절차는 반드시 필요하다고 생각합니다.

누구에겐가 버림을 받았다면 이 동물들의 마음에는 상처가 남아 있습니다. 여러분에게는 번거로울지 모르지만, 동물에게는 다시 똑같은 고통을 겪지 않게 하려는 작은 배려의 과정입니다. 동물이 동물답게 살지 못하는 현 사회의 문제에 관해 이야기를 하다 보니 동물들이 너무 불쌍해서 다 데려오고 싶은 마음이 들 수도 있겠지만, 이 또한 아주 경계해야 하는 문제라는 것도 잘 알았겠지요? 평생 책임질 수 있고 함께 살면서 기꺼이 감당해 낼 준비가 되어 있었더라도 유기동물이 생기지 않는다는 보장은 없습니다. 하물며 아무런 마음의 준비가 되어 있지 않을 때는 오죽할까요?

그리고 나한테는 한없이 사랑스러운 동물이라고 하더라도 타인에게는 위협적인 느낌을 줄 수도 있다는 것을 기억해야 합니다. 반려동물과 함께하는 사람이 많아졌지만 다른 사람까지 배려하는 문화는 아직 미흡합니다. 페티켓petiquette■이라는 새로운 단어가 생겼을 정도로 우리에게는 선택에 따른 책임까지 요구된다는 것을 알아야 합니다. 예기치 못한 사고를 미리 방지하려면 목줄이나 리드줄로 동물을 통제할 수 있어야 하고, 배변 처리는 기본이에요. 이런 간단한 에티켓조차 지키지 않아서 동물을 사랑하는 사람들 전체가 매도되는 일이 없어야 합니다.

우리가 동물과 공존하는 자연으로 돌아가는 길은 이렇듯 너무나 멉니다. 동물들의 최소한의 권리를 위해서나마 우리가 최대한의 책임을 지는 노력을 했을 때 조화로운 공존의 세상을 조금이나마 앞당길 수 있습니다.

■ 애완동물을 가리키는 영어 펫pet과 에티켓etiquette을 가리키는 합성어다. 반려동물과 함께 하는 사람들에게 요구되는 기본적인 예의이며 특히 공공장소에서는 타인을 배려하는 자세가 아주 중요하다.

제 3 장

동물들의
행복할 권리

모든 피조물을 향한 윤리적 행동으로
우리는 만물과 정신적으로 연결된다.

- 알버트 슈바이처

다르지만
동등하다

여러분은 동물의 마음을 느낄 수 있나요? 동물이 행복해하는 모습, 너무 신나서 즐거워하는 모습, 화난 모습, 지루하거나 슬픈 모습 등은 어떻게 구분이 되나요? 동물이 여러분에게 말을 해 주나요?

주위의 친구들 중 누군가 여러분을 좋아하는 것을 느낀다면 분명 여러분도 매우 기쁘겠지요. 그것은 어떻게 알 수 있나요? 그냥 아는 거죠! 사람끼리는 보통 언어라는 것을 써서 소통하지만 굳이 말로 하지 않더라도 우리는 다 느낄 수 있습니다.

저는 동물의 마음을 느낍니다. 여러분이 느낄 수 있는 것과 특별히 다르지 않아요. 우리가 조금만 관심을 가지면 그 대상의 감정과 생각 등을 그대로 전해 받는, 언어 이전의 소통방식이라고 보면 됩니다. 여러분이 친구들의 마음을 그냥 느끼듯이 말이에요. 여기서 가장 중요한 것은 대상에 대한 관심과 사랑입니다. 거기에서 모든 아름다운 드라마가 시작되는 것입니다.

동물에게 관심이 많아서 그들을 연구하는 학자들도 많고, 반대로 인간을 더 잘 알려고 동물을 관찰하다 보니 예상치 못했던 사실까지 발견하게 되는 경우도 있습니다. 이 연구 과정을 위해서 많은 동물이 원치 않는 삶을 살지만 이와 비슷한 내용은 앞에서 충분히 다루었으니 여기서 놓치지 말아야 할 부분만 언급해 보겠습니다.

우리는 인간만이 이성적인 존재라고 배워 왔습니다. 그것이 인간의 본질이라고 했지요. 이 말에는 이성을 최고의 능력으로 전제하는 내용이 깔려 있습니다. 그래서 인간을 제외한 다른 동물을 지배할 권리를 가진 것처럼 우리를 합리화 시켰습니다.

그런데 이성을 가진 인간이 도구를 사용하게 되면서 진화의 발전에 불을 댕긴 셈이지만 결코 인간만이 호모 파베르^{Homo Faber}■가 아니었다는 것은 동물학자 제인 구달(1934~) 박사를 통해 세상에 널리 알려지게 되었습니다. 제인 구달은 침팬지가 흰개미 둥지에 식물의 줄기를 밀어 넣고 거기에 묻어 나온 흰개미를 맛있게 먹는 것을 보았습니다. 먹이를 구하려고 '지능'을 쓰고 '도구'를 이용하기에 이르렀

■ 인간의 특성과 본질은 물건을 만들고 연장을 사용할 줄 아는 데에 있다고 보는 인간관이다. 번역하면 공작인(工作人)이 된다. 다윈은, 직립보행으로 인간의 손이 자유로워지게 되자 그 결과 도구를 사용하는 능력이 발달했으며 그 때문에 유인원들 중 지능이 급속도로 발달했으리라고 보았다.

다는 결론을 내기에 충분한 장면이었지요. 침팬지들은 그것으로 만족하지 않고 나뭇가지에 달린 잎들을 떼어 내며 정성껏 다듬기까지 했습니다. 더 머리를 쓰고 도구가 더욱 정교화되어가는 과정이었습니다. 침팬지가 흰개미를 먹으려고 식물의 줄기를 이용했다는 사실이 여러분에게는 아무것도 아닐지 모르지만, 과학계에서는 아주 놀라운 발견이자 사람들을 충격에 빠뜨린 사건이었답니다. 제인 구달이 침팬지를 관찰하면서 이와 같은 사실을 알아내자 스승 루이스는 이렇게 편지를 썼습니다.

"나는 이런 정의-인간은 도구를 사용하는 동물이다-를 고수하는 과학자들이 이제 다음의 세 가지 가운데 하나를 선택하지 않을 수 없는 상황에 직면했다고 생각한다. 인간을 다시 정의하든가, 도구를 다시 정의하든가, 정의상 침팬지를 인간으로 받아들이든가….."■

여러분이 과학자라면 어떤 상황을 선택하고 싶나요? 저는 마지막 정의가 가장 마음에 드는군요. 우리는 동물에 대해 잘 알지도 못하면서 그동안 너무 쉽게 인간과 동물의 기준을 갈랐던 건 아닐까 생각합니다.

게다가 제인 구달은 침팬지를 연구하면서 각각의 동물에 이름을 붙여 불렀습니다. 실험이나 연구 대상이 되는 동물에게 이름이란 언감생심 꿈도 못 꿀 일이었는데 하나하나에 이름을 붙이는 순간 그들

■ 〈스물여섯 '흙수저'가 침팬지를 만났을 때〉, 프레시안, 2016. 9. 5.

은 친구가 되어 갔던 것입니다. 여러분의 이름에는 부모님을 비롯한 수많은 사람의 사랑이 담겨 있습니다. 여러분이 그냥 인간 1, 2, 3, 4가 아닌 것처럼 연구 대상이 되는 침팬지라도 애정을 담은 이름으로 불린 것은 제인 구달을 통한 연구가 처음이었습니다. 이런 방식을 못마땅하게 생각한 과학자들도 많았지만, 소신을 굽히지 않고 제인 구달은 오히려 더 적극적으로 침팬지의 생활에 개입해 들어갔지요.

그러면서 제인 구달은 더욱 침팬지를 사랑하게 되었습니다. 사랑하는 대상이 고통을 받고 있을 때는 지켜보고 있을 수만은 없습니다. 그래서 제인 구달은 침팬지 밀렵과 서식지 파괴를 국제 사회에 경고하는 한편, 동물원과 실험실 등에 갇힌 침팬지의 고통을 덜어 주기 위한 운동에도 적극적으로 나서기 시작했습니다. 우리 인간은 그동안 너무나 부정적인 방식으로 동물을 지배해 왔기 때문에 일정한 정도의 긍정적인 개입은 오히려 바람직하다는 입장이었습니다.

이름을 붙이고 나면 우리는 자연스럽게 그들에게 말을 걸어 보게 됩니다. 반려동물과 함께하는 사람들이라면 무슨 말인지 금방 알아차릴 거예요. 개에게 말을 걸고 사랑한다고 속삭이기도 합니다. 배고픈지, 심심한지, 어디 아픈지, 잘 있었는지 안부를 묻기도 하지요. 동물들이 반응하면 우리는 어떻게 해서 알게 되었는지는 모르겠지만 하여간 뭔가가 느껴지기도 합니다. 그래도 좀 더 과학적인 증거 같은 게 있었으면 하는 바람 때문에 동물 행동학 분야에서 다양한 테스트와 실험 등을 하기에 이르렀지요.

1970년의 일인데 미국의 영장류학자 고든 갤럽(1941~)은 동물원에 있는 침팬지들에게 거울 하나씩을 주었습니다. 먹지도 못하는 걸 어디다 쓰라고요? 침팬지들은 그렇게 생각했을 수도 있지만 우선 뭔가를 주니 유심히 보았겠지요? 그러다 거울 속에 다른 침팬지가 나타나자 위협적인 태도를 보입니다. 깜짝이야! 거울 속 침팬지도 따라 했겠지요? 이런! 애가 나를 따라 하기까지 해? 처음에 침팬지들은 기분이 나빴다가 점점 거울에 비친 존재가 바로 자기 자신임을 깨닫게 됩니다. 이후부터는 거울 앞에 앉아서 콧구멍을 들여다보거나 코딱지를 파기도 하고 머리를 매만져 보기도 하는 등 우리 인간과 다르지 않은 행동을 보이기 시작한 것입니다. 이 또한 여러분에게는 자연스러운 일일지 몰라도 유추할 수 있는 중요한 사실 하나가 있답니다. 거울을 본다는 것은 '타인의 시선으로 자신을 바라볼 줄 아는 것'이라고 학자들은 설명하거든요. 달리 설명하자면, 자신의 행동을 판단할 수도 있고 때로는 다른 사람의 입장에서 자신을 객관화하는 인식 능력까지 있다는 증거랍니다. '음, 저게 나구나! 내가 이렇게 하면 이렇게 보이고 저렇게 하면 저렇게 보이는구나!' 거울을 통해 이런 사실들을 깨닫게 되는 겁니다.

고든 갤럽의 실험이 화제가 되자 이후의 동물 행동학자들은 오랑우탄, 코끼리, 돌고래, 유럽 까치 등을 대상으로 한 실험에서도 같은 결과를 얻어 냅니다. 동물에게도 '자의식'이 존재한다는 것을 밝혀낸 것이지요. 여기서 더 나아가 침팬지에게 수화를 가르쳤더니 인간과

의사소통까지 할 줄 알게 되었습니다.■

　이 실험들을 접한 철학자와 사회운동가까지 동물은 인간보다 열등한 개체가 아니라고 인정을 하게 됐지요. 그래서 '비인간 인격체'라는 말을 쓰게 되었답니다. 자의식이 있는, 단 인간이 아닌 존재라고 인정을 한 것이지요. 인간이 아니지만, 인격체에 해당한다. 다르지만 동등하다. 이 의미는 모순 같으면서도 참 멋진 느낌으로 다가오는군요. 나는 네가 아니지만 우리는 하나다, 이런 비슷한 느낌이랄까요?

　우리와 비슷하게 생긴 유인원부터 전혀 달라 보이는 다양한 동물까지… 동물도 인간과 다르지 않게 도구를 사용하고 자의식을 갖고 있으며 여러분이 잘 알다시피 감정이나 애정 표현을 할 줄 안다는 것은 그동안 철저히 경계를 만들어 놓았던 구획선이 무언가 잘못되었을지도 모른다는 생각을 하게 합니다. 이마저도 생각하지 못하는 존재라면, 생각하는 인간 호모 사피엔스 사피엔스로서의 망신이 아닐 수 없겠군요.

■ 침팬지 '워쇼'는 최초로 수화를 배운 동물로 유명하다. 그는 '나'(me)와 자신의 이름 '워쇼'(Washoe)를 포함한 250개 단어를 배워 조합할 줄 아는 상태에서 거울 앞에 섰다. 실험자가 수화로 물었다. "그게 뭐니?" 워쇼는 뭐라고 답했을까. "나, 워쇼"(Me, Washoe) 이 장면을 두고 영장류학자인 제인 구달은 그의 글 <야생서식지에서 침팬지 행동>(2010)에서 "자의식의 초기 단계를 보여 주는 장면"이라고 평했다.
　- 〈침팬지는 수화로 말했다, 나… 나… 워쇼〉, 한겨레신문, 2015. 11. 20.

동물과 나
그리고 지구

현재 유인원 중에 멸종 위기에 처하지 않은 유일한 종은 인간뿐이라고 하지요. 와우, 다행이다! 그러나 우리가 당장 멸종될 리 없다고 안도할 수는 없습니다. 시소의 한쪽으로만 기울어진 이 생태계의 반대편 모습을 볼 줄 알아야 합니다. 다른 사람이라면 몰라도 동물을 사랑하는 여러분이라면 말이지요.

심각한 멸종 위기종Critically Endangered에 해당하는 보호종이자 '숲속의 인간'이라는 뜻을 가진 오랑우탄은 사람들 때문에 서식지를 잃게 되었습니다. 우리가 자주 먹는 라면, 빵, 과자, 초콜릿부터 비누나 세제 등의 생활용품까지 폭넓게 이용되는 팜유palm oil 생산을 위해 열대 우림을 태우고 있기 때문입니다.

열대 우림에 사는 오랑우탄에게는 매우 치명적인 상황입니다. '숲

속의 인간'이라는 이름처럼 오랑우탄은 나무와 나무들 사이를 옮겨 다니며 하루를 보내기도 하고 나무에서 직접 딴 무화과, 리치, 망고 등을 먹고삽니다. 비가 오면 커다란 나뭇잎으로 우산을 만들어 비를 피하기도 하지요.

팜유 농장을 건설하기 위해 파괴되는 열대 우림은 비단 오랑우탄 만의 서식지가 아닙니다. 그 땅을 보금자리로 알고 살아가던 모든 동식물은 한꺼번에 갈 곳을 잃거나 죽음을 맞이합니다. 죽음만 남은 땅에 우리는 새로운 세상을 건설하려고 합니다. 인간을 위한다는 명분으로 말이지요. 그런데 인간을 위한다는 명분이 과연 우리에게 행복과 안락을 주었을까요?

우리가 먹고 마시고 끊임없이 소비하고 버린 쓰레기들은 강으로 바다로 흘러들어 가 해양 생물에게까지 피해를 줍니다. 먹이 사슬이 예전과 같지 않자 동물들은 플라스틱을 먹이로 착각하게 되어 이를 먹고 죽어가기도 합니다. 그렇게 잡은 해양 생물의 몸에는 수은을 비롯한 유독 성분이 많이 축적되어 이를 섭취하는 사람에게도 해가 되는 것은 당연합니다. 우리의 몸에 당장 이상한 반응이 없다고 해서 안심할 일이 아닙니다. 여러분의 식탁 위의 생선은 아무 문제 없다고 생각한다고 문제가 없어지는 것은 아니지요. 우리만 눈 감는다고 한들, 있던 세상이 사라져 주는 것이 아니랍니다.

사람들은 이렇게도 말합니다. 세상이 아무리 망가져도 인간의 과학은 더 발달할 것이기 때문에 어떻게든 막아 낼 방도가 있을 거라

고요. 지구가 멸망하면 다른 행성으로 이주하면 될 거라고도 합니다. 과연 우리가 믿어 온 과학은 우리를 더 깨끗하게 해 주었고 더 오래 살게 해 주었습니다. 표면적으로만 보자면 여러 방면에서 풍요롭게 살도록 각계의 시스템이 조직적으로 움직여 주었지요. 그러다 생태계가 오염되기 시작하자 그로부터 우리 몸을 지켜 낼 방도들을 만들어 주기도 했습니다. 끊임없이 발전하는 것만이 모든 문제를 푸는 유일한 방법이라고 믿었기 때문에 거기에 희망을 걸었지요. 그럴수록 과학과 산업 시스템을 풀가동하다시피 해 왔습니다. 아무리 모든 기능이 완벽하게 돌아가는 자동차라도 고속 운전 상태에서는 안정을 장담하지 못합니다.■ 그렇듯 끊임없는 발전이란 영원히 지속될 수도 없으며, 오히려 우리의 자멸을 더욱 가속화 한다는 사실이 이제 여러분의 눈에도 보이지 않나요?

여러분이 좋아하는 햄버거 이야기를 해 볼까 합니다. 우리는 햄버거 패티가 될 소를 키우려고 열대 우림을 개간합니다. 고기가 귀했던 시절에 비하면 요즘은 즉석식으로도 가볍게 먹는 세상이 되었는데 환경 운동가들의 말을 빌리자면 우리가 햄버거 한 개를 먹을 때마다 열대 우림의 아름다운 나무 한 그루가 베어진다고 합니다. 나무가 베어지면 오랑우탄이 서식지를 잃고 사라져 가듯 꼬리에 꼬리를 물고 마지막에는 우리가 감당해야 할 재앙으로 나타나고 맙니다. 화살을 쏜 자가 결국 과녁이 되어 버리는 처참한 현실입니다.

가진 자들을 위해 생태계가 기울고 있습니다. 우리 사회에서는 햄버거 하나 사 먹는다고 가진 자라는 표현을 하지 않지만, 지구촌 곳곳에는 하루 한 끼도 못 먹고사는 사람들이 많다는 사실을 잘 알 것입니다. 더 놀라운 사실은 그들과 나눌 음식은 이미 충분하다는 사실입니다. 현재 세계적으로 재배되는 식량만으로도 모두가 배불리 먹고도 남을 정도입니다. 하지만 골고루 분배되지 않기 때문에 지구 반대편에서는 굶어 죽는 사람이 있습니다. 끝없이 동물을 번식시키기 위해 땅을 더 경작할 이유도 없습니다. 인간이 무한대로 키워놓은 비대한 산업들로 지구 온난화나 사막화 등 자연의 경고 목소리가 높아지고 있습니다. 세계 경제는 지구의 한정된 물질적 자원은 물론, 인간이 끼치는 온갖 영향을 지구가 흡수할 수 있는 능력 면에서도 다같이 한계에 부딪치고 있는 만큼, 이제 거친 굉음을 울리면서 작동을 멈추게 될 것입니다.■■

그럼에도 더 여러분을 돋보이게 해 주며 더 풍요롭게 해 준다는 문구로 현혹하며 소비를 권장하는 이익집단이 있다는 사실을 우리는 알아야 합니다. 그들에게는, 나 혼자 잘 먹고 잘사는 것이 전부입니다. 모든 제도는 이해관계자의 충돌이 있을 수밖에 없는데 그들은 생산자로서 우리는 소비자로서 어떻게 잘 해결해 나갈 것인가 하는 것이 관건입니다.

■ 도넬라 H. 메도즈, 데니스 L. 메도즈, 요르겐 랜더스, 《성장의 한계》, 276쪽, 김병순 옮김, 갈라파고스, 2012.
■■폴 길딩, 《대붕괴》, 322쪽, 홍수원 옮김, 두레, 2014.

문제는 커져만 가는데 이를 해결하려니 엄두가 안 납니다. 문제는 점점 눈덩이처럼 불어나고 결국 인간은 가장 큰 피해를 입는 존재로 전락하고 말았습니다. 우리의 끝없는 욕심이 무리하게 생태계를 휘저어 놓은 대가로 이제는 인류가 쓰러지려고 합니다. 저는 이 모든 스토리가 인간 멸종으로 끝나지 않기를 바랍니다. 어느 한쪽만의 책임이 아닌 인류 공동의 책임으로 여겨야 합니다. 그럼 어디서부터 어떻게 다시 시작할 수 있을까요?

여기에는 뜻밖에 간단한 열쇠가 있습니다. 바로 우리가 동물의 권리를 인정하기만 하면 됩니다. 인간에게 짓밟히지 않을 권리, 동물이 그저 동물답게 살 수 있도록 인정해 주기만 하면 됩니다. 동물에게 불필요한 고통을 멈추게 하는 것이 온난화 문제를 줄이는 데에도 가장 효과적입니다. 여러분이 이에 대한 신념을 지니고 행동으로 옮겼을 때, 인간 멸종을 막으려는 인류의 노력이 헛되지 않을 것입니다.

건강한 소비자가
세상을 바꾼다

　전체 사회 구조를 바꾸기 위해서는 개개인이 우선 바뀌어야 합니다. 왜냐하면, 우리는 힘이 막강한 '소비자들'이니까요. 우리가 당장 생산에 관여하거나 정치적인 목소리를 내기는 쉽지 않지만 건강한 소비를 한다는 것은 건강한 생산을 할 수밖에 없는 사회로 바꿀 수 있는 유일한 버튼입니다. 그 버튼은 우리의 손에 쥐어져 있어요.

　18세기 중후반에 시작된 산업 혁명 이후 세계의 인구는 급속히 증가했습니다. 의학과 농업 기술이 많이 발전했기 때문이지요. 2017년 기준 74억이 넘는 인구가 2050년이면 96억으로 늘어날 것으로 예상한답니다. 우리나라는 저출산 문제가 심각한데도 여전히 세계 인구는 지속해서 늘고 있지요. 그 많은 인구를 먹여 살리려면 더 많은 땅이 필요하지만, 지구의 경작지는 무한대로 늘어나지 않습니다. 게다가 경작 가능한 땅이 앞으로도 계속해서 경작 가능한 땅으로 남아 있을 것이라는 보장도 할 수 없고, 새로운 농지가 끊임없이 개간되는 반면에 한때 비옥한 농지였던 땅이 토양 침식이나 염분 상승, 도시화, 사막화로 인해 사라져가고 있습니다.[■] 사람들이 꿈꾸는 것처럼 화성으로의 이주나 제 2의 지구를 발견하지 않는 이상 이대로는 어렵다는 진단을 내릴 수 있습니다.

간과할 수 없는 문제는, 그동안 땅에서 거두어들인 식량을 우리만 소비했던 것이 아니라 동물에게 먹일 사료로 쓰는 양이 훨씬 더 많았다는 점입니다. 그 많은 식량과 에너지 자원을 가축이 소비하고 우리는 고기를 필요 이상 얻어 냅니다. 따라서 고기를 먹는다는 것은 우리 눈에는 보이지 않는 어마어마한 식량과 물을 비롯한 에너지들을 소비하는 셈이 됩니다. 요즘 말로 가성비가 정말 형편없다는 계산이 나오지요.

그동안의 실태가 그랬던 것은 어쩔 수 없다 치더라도 우리에게 희망이 없는 것은 아닙니다. 간단히 뒤집어 생각해 보기만 해도 답은 나옵니다. 바로, 고기 생산과 섭취를 줄이면 농사지을 땅을 늘리지 않고도 빈곤 국가에까지 충분한 식량 공급이 가능하게 된다는 것입니다. 여러분이나 저는 육류 생산업자도 아니고 농사를 짓지도 않기

■ 도넬라 H. 메도즈, 데니스 L. 메도즈, 요르겐 랜더스, 《성장의 한계》, 118쪽, 김병순 옮김, 갈라파고스, 2012.

때문에 소비자로서의 특권을 행사하는 것이 가장 현실적인 참여가 될 것입니다.

불균형의 사회 문제를 직시하며 윤리적인 소비에 동참하는 사람이 늘면서 채식에 대한 관심도 상당히 높아졌습니다. 그런데 생명에 대한 윤리적인 관점에서 채식한다고 말을 하면 아직 부정적인 시선이 많은 것도 사실입니다. 그럼 풀도 먹지 말아야 하지 않느냐는 얘기를 많이 하지요. 그러나 우리 인간 또한 생명이고 자연의 테두리 안에서 먹고 먹히는 관계를 어찌할 수 없다면, 우리 눈에 보이는 동물의 고통이나마 최소화하자는 것이 채식을 지향하는 사람들의 마음일 것입니다. 동물과 식물 모두가 고통을 느끼지만 우리도 어쩔 수 없이 음식을 섭취해야 한다면 동물의 고통이라도 줄이고자 다짐하고 실천하는 것이지요.

여러 문제가 뒤얽힌 이 상황에 대해 진지하게 고민하고 윤리적인 채식을 선택한 사람들의 마음을 저는 당연히 이해합니다. 그러나 현실적으로는 매우 높은 도덕적 기준에 해당하기 때문에 삶의 전반에 일관되게 관철한다는 것도 쉽지만은 않습니다. 고기만 먹지 않는다고 해서 해결될 사안이 아니고 우리가 소비하는 대부분 상품에는 약자에 대한 착취와 환경 파괴 문제가 숨어 있기 때문입니다. 채식은 우리 사회에 만연한 문제점들을 하나씩 고쳐가기 위해 최소한의 살생으로 가고자 하는 길입니다. 채식한다고 해서 육식을 하는 사람들을 비난하는 자세도 옳지 않습니다. 민주 사회에서의 변화는 상대방

에 대한 공격이 아니라 실천과 설득이라는 점을 잊지 말아야 할 것입니다. 채식을 하건 하지 않건 누구도 완벽할 수 없기 때문에 채식인, 비채식인, 채식주의자, 육식주의자, 편 가를 것 없이 모두 같은 마음으로 차근차근 노력해 나가는 자세가 필요한 때라고 봅니다.

여러분은 동물이 어떤 환경에서 사육되는지도 알았고 그로 인해 발생하는 환경 문제도 인식했습니다. 따라서 윤리적인 소비에 대해 고민해 보거나 서로 열린 마음으로 토론해 보는 것도 좋으리라 생각합니다. 인간과 동물, 식물까지 우리 생태계 안에서 평화롭게 공존하는 방법을 고민하고 실천하는 것이 우리에게 남겨진 숙제가 아닐까 하는 생각이 드는군요.

동물 보호 단체 등에서는 법제화를 통해 동물이 사육되고 있는 현장 개선 및 복지 대안을 마련하는 일에도 많은 노력을 기울이고 있습니다. 그런 노력에 여러분이 동참할 수 있는 일이 있다면 바로 온라인 등에서의 서명 참여랍니다. '나 하나 서명을 하고 안 하고 무슨 차이가 있겠어?'라고 생각한다면 세상은 꿈쩍도 하지 않을 거예요. 동물의 권익을 위해 애쓰고 있는 단체나 자문 변호사들의 얘기로는 바로 여러분의 관심이 가장 큰 힘이 된다고 합니다. 어렵지 않게 마우스 한 번 클릭하고 여러분의 예쁜 이름 하나 넣는 일이 입법부와 사법부까지 움직이게 하는 적극적인 방법입니다.

그리고 동물 복지 인증제도■의 합격점을 받은 농장의 고기나 달걀 등을 소비하자는 운동도 활발하지요. 축산품 생산 과정에서, 동물이 타고난 고유의 습성을 인정해 주자는 데서 출발한 복지 개념입니다. 스톨이나 배터리 케이지에 갇혀 살았던 동물이 아니라 자유롭게 풀을 뜯게 하고 움직일 공간을 주었을 때 동물의 스트레스도 현저히 줄

■ 농장 동물에게 쾌적한 사육 환경을 제공하고 스트레스, 불필요한 고통을 최소화하는 등 농장 동물의 복지 수준을 향상하기 위한 제도다. 해당 농장에서 자란 축산물에는 농림 축산 식품부의 동물 복지 마크가 부착된다.

어드는 것은 당연합니다. 거기서 얻는 고기나 달걀을 섭취한다면 우리 몸에도 건강한 음식이 되겠지요.

여기서 사람들이 겪는 갈등은, 동물 복지 인증도 좋지만 상대적으로 비싸서 선뜻 선택하기가 망설여진다는 것입니다. 그러나 우리가 짚어 왔던 모든 문제는, 그동안 너무나 쉽게 그리고 많은 것을 얻으려 했기에 생산 과정에 있는 동물이 고스란히 고통을 떠안아야 했고 결과적으로 생태계가 파괴돼 치명적인 부메랑으로 우리에게 돌아온다는 내용이었습니다. 다소 높은 비용을 내고라도 우리가 기꺼이 동물의 고통이 최소화된 상품을 소비한다면, 거창하게는 생태계 복원에 적극적으로 동참한다는 뜻도 될 것이고 당장 우리의 몸을 위해서는 더욱 건강한 선택이 되지 않을까요? 여러분은 어느 버튼을 누르고 싶나요?

공존의 세상, 나비 효과

인류가 발전해 온 역사는 '권리'가 확장되어 온 것과 같습니다. 어떤 권리가 충분해지고 나서야 다음 권리로 가는 것은 아닙니다. 최근 우리 사회에 불거지는 아동 학대나 환경 파괴 문제도 대상에 대한 적극적인 인식과 공감이 필요하다는 점에서 동물 문제와 크게 다르지 않을 것입니다. 무시하거나 학대함으로써 권리의 주체가 심각하게 훼손되거나 고통스러워한다는 것을 알고 나서야 우리는 비로소 사회적인 문제로 인식하기 시작한 것입니다.

나와 남을 동등하게 생각할 줄 아는 사람이 세상에 몇이나 될까요? 어떤 존재가 행복과 고통을 느낄 때 그것을 나의 것과 다르지 않게 느낄 줄 아는 힘은 부와 권력으로 가질 수 있는 것이 아닙니다. 우리는 부와 권력으로도 살 수 없는 공감 능력을 이미 갖춘 사람들이지요. 그 능력을 우리는 제대로 발휘하고 있었을까요?

우리는 이미 대다수 동물이 겪는 환경에 대해 너무 비참하다고 느끼고 있습니다. 그것은 어떤 수식과 계산으로 도출되는 것이 아닙니다. 우리의 마음이 이미 그 상황에 가 있는 것처럼 똑같이 마음이 아픕니다. 동물이 고통스러워하는 것을 그대로 전해 받는 것일 수도 있고, '나라면 어떨까? 내가 저 안에 갇혀 죽임을 당한다면 어떨까?' 이런 마음으로 자연스럽게 처지를 바꾸어 생각하게 됩니다. 이 문제에 대해 국민 투표를 한다고 가정했을 때 동물의 처참한 사육 환경에 대해 반대할 사람은 찬성 쪽보다 압도적으로 많으리라 봅니다. 하지만 우리는 여전히 그곳에서 생산된 고기와 달걀을 먹습니다. 그렇다고 제가 사람들을 비난할 의도는 전혀 없습니다. 오히려 저는 동물에 대해 새로운 인식을 하게 된 이 순간이 아주 중요한 역사적인 시작점이 되리라고 보거든요. 중요한 가치는 인식의 변화에서 시작하기 때문입니다. 우리의 인식이 바뀌었다고 해서 저절로 행동까지 바뀌기는 쉽지 않고 여전히 마음 따로 몸 따로 살 수도 있습니다. 설령 그렇더라도 우리의 변화된 인식을 긍정적으로 수용한다면 조금씩이나마 생활 속에서 실천해 갈 수 있을 것이라 생각합니다.

길을 잃고 떠도는 강아지 한 마리, 아파트 단지에서 배고파 우는 고양이 한 마리가 눈에 들어오기 시작할 때 이제 여러분의 눈에 보이는 세상은 이전의 것과 확연히 다른 모습일 것입니다. 이런 삶의 방식으로 살아간 여러분이 성인이 되었을 때 누구나 동물에 대한 최소한의 복지와 권리 인정을 정상적이고 당연한 것으로 받아들일 것입니다.

동물에게 권리를 주자는 것을 동물에게 투표권을 주는 것처럼 오해할 수도 있지만, 동물이 원하는 것은 단지 동물로서 행복하게 살 권리를 말합니다. 예를 들어 아동이 학대받지 않을 권리를 요구한다면 이미 아동 학대에 관한 많은 문제가 있었다고 볼 수 있습니다. 수많은 어린이가 고통을 느꼈기 때문에 동등하게 대우받을 권리를 주장하는 것이지요. 아동이 학대받지 않을 권리는 실제 어린이가 권리라는 단어를 써 가며 얻을 수 있는 것은 아닙니다. 아동에 대한 사회적인 관심이 높아지며 더는 이대로는 안 된다는 윤리적인 판단이 개입돼 사회적인 변화를 이끌어 내는 것입니다.

동물은 인간처럼 복잡한 조직 사회를 구성해서 살지는 않습니다. 그들에게 필요한 것은 단지 어미에게서 자연스럽게 태어나고 형제자매들과 함께 햇볕과 땅과 자연의 물을 마시며 살고 싶은 것뿐입니다. 땅에 뒹굴고 싶을 때 뒹굴고, 나무 그늘 아래서 낮잠을 자거나 강물로 목을 축이는 것입니다. 우리 주변에서 고통받는 동물들에게는 이런 기본적인 권리를 전혀 주지 않았습니다. 오히려 처참한 환경에 내몰고 잔인한 방식으로 사육하거나 도축했습니다. 우리는 그로 인해 수도 없이 많은 동물이 고통 속에 죽어 가는 현실을 보았기 때문에 공감 능력을 갖춘 인간으로서 동물의 권리를 요구하는 것입니다.

모든 동물은 자연환경에서도 병에 걸리고 천적을 만나 먹잇감이 될 수도 있지만, 이는 결코 인위적인 학대가 개입된 것은 아닙니다.

자연환경에서 먹이 사슬과 약육강식이 존재한다는 사실이 상대적인 힘을 가진 존재가 약자를 괴롭히는 것이 옳다는 근거가 될 수도 없습니다.

또한 동물에 대한 복지의 필요성을 얘기할 때면 세상의 그 어떤 존재도 해치지 말아야 한다는 극단적인 논리가 대두되는데 동물 권리는 모 아니면 도 방식의 사고나 행동을 요구하는 것이 아니라는 점을 잊지 말아야 합니다. 불필요한 고통을 덜어 주자는 것, 열악한 환경을 개선하자는 노력은 도덕이라는 이름으로 우리가 충분히 해낼 수 있는 숙제라고 저는 생각합니다.

이미 우리는 너무나 많은 동물 생산과 소비로 거대한 사회적 비용을 지불하고 있습니다. 돈으로 환산되는 비용보다 더 큰 문제는 우리 인간의 몸과 마음, 지구 전체가 병들고 있다는 사실입니다. 우리가 동물에 대한 이타적인 마음을 갖는다는 것은 그 어떤 일보다 용기가 필요합니다. 동물은 스스로 폭력에 저항할 수 없기 때문이지요. 그런 면에서 우리는 충분히 공감 능력을 갖춘 존재이기 때문에 그 일을 해낼 수 있다는 것은 정말 다행입니다. 어떤 일을 하기로 마음먹는 것은 또 다른 어떤 일을 하지 않기로 마음먹는 것이기도 합니다. 동물에 대한 연민의 마음이 생겨 이제 동물을 사랑하기로 마음먹었다면, 동물에 대한 학대 상황을 방조하지 않을 것입니다. 그래서 우리가 볼 수 없었던 사회의 이면에서 늘 약자로 존재해야 했던 동물들의 권리를 요구한다면, 그것은 인간의 우월적 지위에서의 '허용'이 아니라 동등한 생명 개체로서 '인정'해 주는 마음이 필요합니다.

나 아닌 다른 대상에 대한 공감을 토대로 서로 소통하고자 하는 마음이야말로 우리 사회를 풍요롭게 한다는 것은 여러분도 잘 알고 있으리라 믿습니다. 사람이 동물보다 더 중요한가요? 그 어떤 것도 절대적인 가치가 될 수는 없습니다. 동물을 사랑한다고 사람을 업신여긴다는 뜻이 아니며 동물의 복지에 동참한다고 해서 인간의 복지는 나 몰라라 하는 것은 아니랍니다. 우리는 모두 소중한 생명입니다. 여러분이 부모님에게 가장 소중한 보물이듯 동물들에게도 제 새끼는 눈에 넣어도 아프지 않을 존재랍니다.

우리가 최소의 소비, 윤리적 소비, 동물 복지를 염두에 둔 소비를 지향했을 때 사람과 동물에게 오는 혜택은 어마어마해집니다. 그것은 흡사 나비 효과와도 같은 것입니다. 우리 사회의 가치는 재화로 판단되지만 나비 효과의 시작은 돈이 아닌 여러분의 마음에서 시작합니다. 우리와 똑같이 행복과 기쁨, 고통과 슬픔을 느끼는 동물에게 사랑의 마음을 내어 준다면 그것은 마침내 세상을 움직이는 커다란 날갯짓이 될 것입니다.

이제는 우리의 공감 능력을, 지구 생태계에 우리와 함께 살아가는 동물에게까지 확장할 때라고 느낍니다. 부끄러운 착취의 역사를 답습하는 것이 아니라 건강한 공존을 계획할 때입니다. 그랬을 때 우리는 동물을 지배하는 데서 '성공'하는 것이 아니라 동물에게서 사랑을 배우며 '성장'할 것입니다.

동물에게 배우는
사랑과 배려

　반려동물 1천만 시대라는 말 뒤에 숨겨진 비밀을 우리는 이제 알아 버렸습니다. 동물을 사랑으로 거두겠다는 마음과는 반대로 상업적이고 무자비한 형태의 시스템이 곳곳에 얽혀 있었으니까요.

　'설마 우리 집 강아지는 그런 열악한 농장 같은 데서 오지 않았겠지요?' 저는 동물 교감을 하는 사람으로서 여러 상담을 하다 보면 이런 질문도 가끔 받습니다. 이것은 저에게 하는 질문이 아니라 자신을 위로하기 위한 말이라는 것도 압니다. 그 질문에 대해 저는 답을 알지 못하지만 어떤 동물의 경우 선천적으로 내재된 트라우마가 있는 것을 종종 보게 됩니다. 동물이 태어나던 순간, 눈도 뜨지 못한 강아지의 몸으로 느껴지는 냉혹한 현실은 이들에게 원인을 밝히기 힘든 신체와 마음의 질병으로 남게 됩니다. 마치 보이지 않는 문신처럼 이 생명이 평생 짊어지고 가야 할 고통스러운 기억으로 남는 것입니다.

그럼에도 생명 하나를 가족으로 받아들이고 죽는 날까지 동고동락하는 사람들을 만나면 저는 오히려 그들에게서 치유받는 느낌을 경험합니다. 그들이 서로 이별하는 순간, 이 삶에서 마지막 순간을 함께하며 나누는 이야기들은 동물을 사랑하지 않는 사람들에게는 너무나도 낯설겠지만, 이미 동물은 우리와의 경계가 허물어진 틈으로 살짝 들어와 있습니다. 반짝반짝 빛나는 눈으로 세상 그 어떤 존재보다 사람 가족을 사랑한다는 듯 그렇게 바라봅니다.

우리에게 반려동물이란 현대 사회가 양산한 또 다른 학대 문화라고 하는 사람도 있지만 저는 꼭 그렇게만 생각하지 않습니다. 물론 동물이 거대한 산업이 되어 버린 시점에서는 틀린 말도 아니지만요. 그러나 저는 어쩌면 이런 중요한 시기에, 반려동물은 인간과 동물을 이어 주는 중요한 메신저 역할을 하는지도 모른다는 생각을 해 봅니다. 그동안 알지 못했던 다른 동물들의 문제에 관심을 두게 하고 공장식 축산, 농장 등지에서 동물이 고통을 겪는 것을 보면 나의 강아지, 고양이가 아픈 것처럼 느껴지거든요. 이 사회에서 벌어지는 수많은 약자에 대한 학대에 어느 정도 아픔을 느끼는 사람이라면 이것이 무슨 의미인지 충분히 이해하리라 생각합니다.

저는 지금 여러분과 나이가 비슷한 강아지 둘과 함께 살고 있습니다. 사람 나이로는 십 대 청소년이지만 강아지 나이로는 이미 너무 많은, 그래서 저보다 더 늙어 버린 생명이지요. 처음에는 우연히 이 강아지들이 우리 집에 오게 되었고 그때는 그들과 어떤 일을 겪게 될지 상상조차 할 수 없었답니다. 그저 예쁘고 귀여운 동물로 잘 자라 줄 거라고만 생각했는데, 그들도 생명이니 아프고, 다치고, 세상을 떠나더군요. 그 과정에서 마주쳐야 하는 현실은 집안에서만 벌어지는 일들과는 또 다른 세상이었습니다. 어느 때보다 더 많이 동물의 세상을 보게 되었고 제가 해야 할 일은 실로 엄청나다고 느꼈습니다.

저는 동물을 사랑하고 동물과 함께 마음 나누는 것을 좋아하는 사람입니다. 인간의 영역인 줄로만 알았던 우정과 배려, 감사와 용서를 저는 동물에게 배웁니다. 예전의 친구들이 저를 보면 천방지축 인간이 개과천선했다면서 놀리기도 하지요. 저 또한 동물을 알고 사랑하기 시작한 삶과 그 이전의 모습은 확연히 다르다고 느낍니다. 제가 갈 길은 아직도 멀지만 제 앞을 스쳐 간 동물들의 얼굴을 떠올리면 저는 한없이 겸허해진답니다. 우리는 인간이 동물을 보살핀다고 생각하지만, 사실은 그게 아닐 수도 있다고 생각합니다. 그들은 우리도 모르게 소중한 것을 가르쳐 준다는 느낌입니다.

저는 이제부터 동물을 돌본다는 마음을 버리려고 합니다. 길냥이에게 물 한 모금을 건네거나 뜨거운 햇볕에서 고통스럽게 죽어 가는 지렁이 한 마리를 촉촉한 흙으로 보내 주는 마음마저도, 결국에는 동물이라는 이름으로 이 세상에 온 생명들이 오히려 저를 치유하고 성장시켜 주는 과정이라고 저는 믿습니다.

세계 동물 권리 선언

세계 동물 권리 선언The Universal Declaration of Animal Rights은 1978년 10월 15일 파리의 유네스코 본부에서 엄숙히 선포되었습니다. 이후 1989년 국제 동물 권리 연맹International League of Animal Rights에 의해 개정된 본문은 1990년 유네스코 지도자 총회에 제출되고 대중에게도 공개되었습니다.

이에 앞서 1948년 12월 10일 유엔 총회는 제2차 세계 대전과 강제 수용소와 같은 공포가 반복되는 것을 막기 위해 세계 인권 선언을 채택하고 선포했습니다. 어떠한 조건도 필요 없이 모든 인간의 기본적 권리를 인정할 때만이 그와 비슷한 비극을 종식시킬 수 있기 때문입니다. 따라서 유엔은 인간 존중과 존엄이 '세계의 자유와 정의와 평화를 위한 토대'라고 선언한 것입니다.

이와 더불어 전 세계의 개인, 단체 및 협회는 세계 인권 선언이 선포된 12월 10일을, 우리와 지구를 공유하는 다른 동물들에게도 확대해 국제 동물 권리의 날International Animal Rights Day로 제정할 것을 요구했고 현재 보편적으로 이날을 동물 권리의 날로 기념하고 있습니다.

인간도 동물입니다. 그러나 인간과 다르지 않은 감각과 사고력을 가진 수십 억의 다른 지각력 있는 존재들은, 그들이 속한 종이 인간과 다르다는 이유로 매년 비참하게 희생됩니다. 해마다 고통받고 죽어 가는 수십 억의 소, 돼지, 양, 닭, 물고기, 토끼, 염소, 쥐, 말, 당나귀, 낙타, 개, 고양이, 오리, 칠면조, 거위 및 바다 생물들이 바로 그들입니다. 이날은, 고통을 겪거나 살고자 하는 열망이 특정 인종, 성별, 사회적 지위 또는 종에 해당하는 것만이 아니기 때문에 자유와 정의 및 존엄성이 모든 생명체에 똑같이 적용되는 포괄적인 용어라는 것을 국제 사회에 일깨워 주는 기회가 되고 있습니다.

아래는 국제 사회나 세계의 동물 보호 단체 등에서 보편적으로 받아들이고, 동물 권리를 위한 캠페인 등에서 읽히는 세계 동물 권리 선언의 내용입니다.

전문

- 생명은 하나다. 모든 생명체는 공통의 기원을 가지고 있으며 종의 진화 과정에서 다양화되었다.
- 모든 생명체는 천부적 권리를 가지며, 신경 시스템이 있는 동물은 특별한 권리를 가지고 있다.
- 이들 생명체의 권리에 대한 경멸 혹은 무지는 심각한 자연 파괴와 동물에 대한 죄악을 초래한다.
- 인류가 다른 동물의 권리를 인식할 때 우리는 다양한 생명체와 공존할 수 있다.

• 인간이 동물을 존중하는 것은 인간이 다른 인간을 존중하는 것과 다르지 않다.

이러한 연유로 다음과 같이 선언한다.

제1조

모든 동물은 생태계에서 존재할 평등한 권리를 가지고 있다. 이 권리의 평등은 개체와 종의 차이를 가리지 않는다.

제2조

모든 동물의 삶은 존중받을 권리가 있다.

제3조

1. 동물은 부당하게 취급받거나 잔인하게 학대당하지 않아야 한다.
2. 동물을 불가피하게 죽여야 한다면 불안과 고통을 주지 말고 즉각적으로 진행해야 한다.
3. 죽은 동물은 품위 있는 대우를 받아야 한다.

제4조

1. 야생 동물은 자연환경에서 자유롭게 살 수 있고 자유롭게 번식할 권리가 있다.
2. 야생 동물의 자유를 지속적으로 박탈하는 것과, 취미를 위한 사냥

과 낚시 등 생존에 불필요한 목적으로 야생 동물을 이용하는 것은 기본권을 침해하는 행위다.

제5조

1. 인간에게 의존하고 있는 동물은 생명을 유지하고 보호받을 권리를 갖는다.
2. 그들은 어떠한 경우에도 인간에게 유기되거나 부당하게 살해되지 말아야 한다.
3. 동물을 이용하고 번식시키는 모든 형태는 생리학적 그리고 종의 특성이 존중되어야 한다.
4. 전시, 공연, 영화 등에 동물을 이용할 경우 그들의 존엄성을 존중해야 하며 어떤 경우에도 폭력을 포함해서는 안 된다.

제6조

1. 육체적 또는 정신적 고통을 수반하는 동물 실험은 동물의 권리에 위배되는 행위다.
2. 인간은 동물 실험을 대체할 방법을 개발하고 체계적으로 구현해 나가야 한다.

제7조

동물의 죽음을 초래하는 불필요한 행위 및 그 행동을 유발하는 어떠한 결정도 모두 삶에 대한 범죄로 간주한다.

제8조

1. 야생종의 생존을 위협하는 행동과 그러한 의사 결정은 대량 학살과 다르지 않으며, 생물종에 대한 범죄 행위다.
2. 야생 동물에 대한 학살, 생태계를 오염시키고 파괴하는 것은 집단 살육 행위와 같다.

제9조

1. 동물의 명확하고 합법적인 지위와 권리는 반드시 법으로 인정되어야 한다.
2. 동물 보호와 그들의 안전은 반드시 정부 조직에 의해 제도화되어야 한다.

제10조

교육 및 학교 당국은 반드시 아동기의 동물에 대한 관찰, 이해, 존중이 학습될 수 있도록 보장해주어야 한다.

* 출처 http://www.esdaw.eu/unesco.html